広田勇介

天岩戸《アマノイワト》

太陽のサクレ

スクラムを組み岩戸川をわたる天岩戸神社宮司　佐藤永周

注連縄のかけられた天岩戸洞窟（通常、撮影は禁止されている）

天岩戸神社の巫女さん

日本は、洞窟からサクレが再現する瞬間を持っている

アンドレ・マルロー（竹本忠雄『未知よりの薔薇　第二巻　出遊篇』より）

サクレ…【sacré（フランス語）】至聖

プロローグ

高千穂《たかちほ》の谷は深く、碧《あお》い。

神話の時代から、気の遠くなるような時間をかけて侵食された谷は、そのまま地の底へと潜っていくかのように深く抉《えぐ》られ、近代になって橋が架《か》けられるまで、谷のあちら側とこちら側を、まさしく彼岸《ひがん》のように隔てていた。神楽《かぐら》発祥の地とされる高千穂では、この深い谷と高い尾根によって切り取られた僅かな農地を中心として、小さな集落がいくつも形成されている。それぞれの集落で神楽が舞われているが、その神楽の面《めん》は、谷を超えて対岸へ渡してはならないとされていた。谷の底には、神代から伝わる祝詞《のりと》「大祓詞《おおはらえことば》」に描かれる「速川の瀬」さながらの流れが、ここ数日の雨を集めてたくましく流れている。

天岩戸《あまのいわと》神社の宮司から伝え聞いた古道を辿り、私たち四人は未知の谷へと降りていく。先頭をゆくのは国際山岳ガイドの天野和明。明治大学山岳部出身の生粋《きっすい》の山男で、登山界のアカデミー賞と呼ばれるフランスのピオレドール賞を日本人で初めて受賞した。その次に続くのは、登山ガイドの林智加子。野外救急法の専門家であり、海外のスキー場で爆薬を使用して雪崩《なだれ》を管理するリスクマネジメントの専門家でもある。そして、少し離れて、グループを俯瞰《ふかん》しながら続くのは、プロ登山家の竹内洋岳。日本人で初めて、エベレストを始めとする8000メートル峰十四座を完登《かんとう》した男。文字通り、日本を代表するプロの登山家。このパーティの中で興奮していたのは、カメラを握っている私だけだった。百戦錬磨の岳人《がくじん》たちは、憎らしいほど落ち着きはらっている。しかし、その冷静さこそ、彼らにこの話をもちかけた大きな理由だった。吹雪にも負けぬ強靭《きょうじん》な精神と未知に踏み出す勇気をもち、同時に大自然を畏《おそ》れ、ひれ伏す健気《けなげ》さを合わせもつ人々。神話以来の禁足地に、初めて足を踏み入れることを許されたのが「山屋《やまや》」であったのも偶然ではあるまい。

この記録は宮崎県高千穂町に鎮座する天岩戸神社の御神体《ごしんたい》「天岩戸」洞窟《どうくつ》を、史上初めて踏査《とうさ》し、令和二年十二月、地上80メートルの高さの断崖に位置する洞窟に、長さ40メートルほどの注連縄《しめなわ》を張る新しい神事「天岩戸注連縄張神事」を執《と》り行うまでのドキュメンタリーである。本書にはその他にも、天岩戸洞窟を踏査する前に、北海道の利尻山《りしりざん》、富士山、信州の戸隠山《とがくしやま》など、天岩戸とは一見関係のないと思われる山々に出向いた際の記録も記載した。それら聖地への訪問が、ランダムに無意識に行われたとも考えられるし、これを三島由紀夫の言う

「宗教家が神秘と呼び、科学者が偶然と呼ぶもの、そこにこそ真の必然が隠されている」（『美しい星』）とも捉えることが出来るからだ。神秘の洞窟へと辿《たど》りつく前に、日本の聖地を巡る迂遠《うえん》な旅にお付き合い願いたい。

天《あめ》の石屋《いわや》

天照大御神《あまてらすおおみかみ》、逾奇《いよよあや》しと思《おも》ほして、
稍《ようやく》戸《と》より出《い》でて、臨《のぞ》み坐《いま》す時《とき》に、
其《そ》の隠《かく》り立《た》てる手力男神《たぢからおのかみ》、其《そ》の御手《みて》を取《と》り引《ひ》き出《い》だすに
即《すなわ》ち、
布刀玉命《ふとだまのみこと》、尻久米縄《しりくめなわ》以《も》ちて
其《そ》の御後方《みしりえ》に控《ひ》き度《わた》して白言《まお》ししく、
「此《こ》れより以内《うち》に、得還《えかえ》り入《い》りまさじ」とまをしき。
故《かれ》、天照大御神《あまてらすおおみかみ》出《い》で坐《いま》しし時《とき》に、高天原《たかあまのはら》と葦原中国《あしはらのなかつくに》と、
自《おの》づから照《て》り明《あか》ること得たり。

『古事記』國學院大學ウェブサイト　古事記ビューアーより
ルビは現代仮名遣いに改めた

目次

プロローグ …… 7
第一章　北海道　利尻山 …… 12
第二章　大和国　吉野山 …… 32
第三章　日向国　天安河原 …… 54
第四章　豊前国　英彦山 …… 84
第五章　甲斐国　富士山 …… 112
第六章　日向国　岩戸川 …… 130
第七章　武蔵国　泉岳寺 …… 160
第八章　日向国　高千穂 …… 172
第九章　信濃国　戸隠山 …… 190
第十章　日向国　天岩戸 …… 210
エピローグ …… 239

第一章　北海道　利尻山《りしりざん》

晴れた日にはその北岸から樺太《からふと》が望めるという北海道の利尻島《りしりとう》。北海道の北端、稚内《わっかない》からフェリーで西へ一時間半ほどの距離にある。そもそも稚内市内の交通標識にはロシア語の表記があり、実際に東京へ行くよりもロシア国境に行くほうが遥かに近く、住民は歴史的にロシアの存在を、良くも悪くも強く感じている。

利尻島の名前を現在でも一般的にしているのは、利尻昆布である。古くから北前船によって京都に運ばれ、北の海の海水をそのまま掬《すく》い上げたような澄んだ出汁《だし》を作り出すその昆布は、今でも京料理に欠かせない。他の地域の昆布や鰹出汁などでは、淡白で繊細な京料理の色や味が台無しになってしまうからだ。

その他、山をやる人間にとっては、利尻山（標高１７２１メートル）が有名である。空から見るとまるで島全体が山のようであり、山そのものが海に浮かんでいるようにも見える。作家の深田久弥《ふかだきゅうや》が選定した日本百名山のうち利尻山は日本最北のピークであり、富士山のように秀麗な姿から夏期には多くの登山者を迎えている。

令和二年の冬の大半を、私はこの島で仕事をしながら過ごした。私の仕事は二つあって、ひとつは山岳ガイドといって、主に日本に登山や山岳スキーのために訪れる外国人を案内する仕事である。そしてもうひとつは、山岳カメラマンとして、登山やスキーなどアウトドア・スポーツの写真や映像を撮影する仕事である。ある程度のリスクを引受けながら、寒く、過酷で、危険な大自然の中で行う仕事であり、一般の人々が近寄らない場所が、私にとっての格好の仕事場となる。現在では多くの観光客や登山客を迎えるこの島も、ペリー来航に先立つ五十年ほど前には、ロシアからの襲撃を受け、商船が焼き払われ、島民が拉致されるという事件が起こった。いわゆる「文化露寇《ぶんかろこう》」（一八〇六・一八〇七）の一端である。

露寇とは『おろしや国酔夢譚《こくすいむたん》』（井上靖）の大黒屋光太夫《だいこくやこうだゆう》によるロシアとの接触から始まり、『菜の花の沖』（司馬遼太郎）の高田屋嘉兵衛《たかたやかへい》のカムチャツカ抑留と、その帰還までに行われた、ロシアとの一連の国境紛争と国交樹立交渉であり、「文化露寇」とはそのうち日本側が最大の被害を被《こうむ》った事件である。この時、ロシア側の襲撃により樺太の久春古丹《くしゅんこたん》、択捉島《えとろふとう》の紗那《しゃな》では、民家や商船が焼き払われ、島民が拉致された。ロシア側は利尻島の泊《とまり》にも襲撃を行い、放火、略奪の後、悠々と帰国の途についた。翌年には事態を重く見た幕府が、東北の諸藩に動員を命じ、利尻島には会津藩の藩兵約二百四十人が国境警備のために派遣された。その後、滞在期間中にはロシアの武力攻撃はなかったが、動員された兵士は雪国の武士とはいえ、故国よりもさらに北方の利尻島への移動と滞在は困難を極めた。北の防人《さきもり》として警備についていた武士とその従者たちのうち幾人かは病没、その他の理由により故郷に帰れず、この地に埋葬された。この時の話は藩士の間で長く語り継がれたに違いない。その証拠に動員された藩士の子孫は、その後、幕末の動乱に名を残すこととなる。

ペリー来航後、会津藩は京都守護職として皇室の藩屏《はんぺい》となり、乱れる京都の治安を回復するため主君以下、全藩士が粉骨砕身《ふんこつさいしん》の働きを行う。しかし、政争に敗れ朝敵《ちょうてき》となり、かつての主君であった将軍家にも見放され、戊辰《ぼしん》戦争では白虎隊《びゃっこたい》の悲劇を生むまでにいたった。日本が生き残るため、明治という新国家を生むために、会津藩そのほか、多くの東北諸藩の血が流され、犠牲が捧げられたが、その淵源《えんげん》はすでに、文化露寇の時に始まっていた。北国特有の重く湿った空の下、現在も会津藩士の墓が寒風《かんぷう》にさらされ、死してもなお、北方への警護の任を務めているように思える。

令和二年の冬、私はこの島で利尻山を目指す訪日外国人の山岳スキー客の案内の仕事と、同じくこの島を訪れる山岳スキーヤーや、スノーボーダーの撮影の仕事を行っていた。世界的に気候変動がすすみ、温暖化の影響から各国で雪不足が続く中、北海道だけはコンスタントな降雪に恵まれていて、世界中から良質なパウダースノーを求めて人々が集まる。スキーやスノーボードの世界において今や「HOKKAIDO」というブランドは「PRADA《プラダ》」や「Dior《ディオール》」よりも価値をもっている。私は二月に、スイス、イタリア、カナダ、アメリカからやって来たグループを案内し、厳冬の利尻山に登頂。山頂からのスキー滑降にも成功した。

三月に入り、仕事が一段落したが、目と鼻の先の大陸では、新型コロナウイルスが猛威を振るっていた。すでに武漢市が閉鎖され、日本にも陽性患者を乗せた大型クルーズ船が横浜港に寄港し、乗客の下船について終わりのない議論が続けられていた。しかし、私たち日本人もまだどこか他人事であり、欧米人ゲストにいたっては、一律にマスクをして動揺するアジア人を小馬鹿にし、「何をそんなに怯《おび》えているのだ?」という態度でニュースを眺めていた。ある種のマッチョイズムというのだろうか、大胆な姿勢でこのウイルスに接していた。その後も「そ

利尻山全景

利尻山山頂付近　画像右側に礼文島が見える

んなに怯えるなら外にでなければ良い」とか「マスクをして過ごすくらいなら死んだほうがマシだ」などと冗談半分に発言するゲストもいた。日本人はこれを非科学的とか、精神主義的な考えだなどといって笑うだろうが、私たちのコロナ対策自体も、すべて科学に基づいて決定されたとも言い切れない。これはリスクをどのように捉《とら》えるかの問題なのかもしれない。特にコロナが弱毒化し、感染力が弱まっても形式的に、半ば慣例的にパーテーションを設け、マスク着用を続ける人々をみていると、「何をそんなに怯えているのだ」というあの時の欧米人ゲストの声が聞こえてくるのだ。

今となっては、丸三年に及ぶコロナ禍《か》の始まりに対して、私たちがどのような態度でそれに向き合っていたかを、正確に思い出すことはとても難しい。ただ、後に始まる天岩戸注連縄神事も、コロナ禍の最中に行われたという点で、感染症に対する私たち日本人の態度がどうであったかについて、触れない訳にはいかないと思っている。出来れば、そこから何がしかの教訓を求めながら。

山の案内の仕事では、ゲストは通常、一週間ほど島に滞在するが、基本的に冬の孤島ではスキー以外にすることはない。そんな中、吹雪になり、スキーに適さない日には、私はよく島内にある神社を案内した。欧米人といえども、最近は無宗教の人も多いのだが、山を愛する人間同士、神道や山岳信仰の世界観については、多くの言葉を弄《ろう》せずとも、共感をもってもらえる印象がある。日本の神社仏閣の参道にはよく杉が植えられているが、この垂直にそびえ立つ森厳《しんげん》な杉の参道を、沈黙のうちに歩くことによって、言語や国籍の異なる人々でも、日本神道の何たるかを肌身で感じてもらえると、期待している。植物を含む生物の学名はラテン語で表記されるのが標準だが、日本の固有種としての杉の学名は「クリプトメリアヤポニカ」と呼ばれている。「日本の隠された宝」という意味だ。

そんな中、私は次の仕事までの休日を利用して、島にあるすべての神社を巡拝する計画をたてた。利尻島の外周は約60キロメートルで、夏には花を楽しみながらのサイクリングで賑《にぎ》わう。しかし、冬の間はサイクリングという訳にはいかず、自動車での一周となった。それでも、ほとんどの神社は無人であり、参道は雪に覆われているため、参拝するにも雪山登山と変わらない装備が必要となる。

島内にある多くの神社は、江戸時代後期に幕府や松前藩の請負人が漁場の開設にともなって神々を奉斎《ほうさい》したことに始まっている。利尻島に限らず、北海道の神社の鳥居の多くは、白く塗

利尻空港近くに鎮座する北海富士神社　ご祭神などは不明

装されており、雪の上に立つ姿が誠に美しい。地図上だけで確認できるもののうち、十四社ほどを巡拝し、撮影を行った。まだ他にもあるのかもしれない。明治以降、利尻島の開拓に従事した人々は、北陸から東北にかけての日本海沿岸地域の人々が多いというが、島の南西側に鎮座する北見《きたみ》神社に現在奉納されている南浜獅子神楽《みなみはまししかぐら》は、元は越中富山からの移住者が伝えたものとされ、町の無形民俗文化財に指定されている。現在は廃社となっている社もあるが、開拓時、先祖の地で奉斎されていた神々を祀《まつ》る社《やしろ》が、過酷な環境の中で生き延びる人々の、唯一ともいえる心の拠《よ》り所となっていたのだろう。

巡拝を終えて宿に戻ると、日は暮れ、すっかり身体が冷え切ってしまった。暖かい部屋はありがたいが、氷点下で使用したカメラを暖かい室内に入ってすぐに取り出すと、様々な問題が起こる。結露でレンズやカメラの内部が曇ったり、逆に静電気でデータが消失したりする可能性がある。そのため、カメラバッグに入れたまま、暖房がそれほど効いていない廊下でゆっくりと、室温に戻していく必要がある。その間、まずは人間がゆっくりと温泉に入り、時間をかけて、カメラを室温に戻していく。

温泉から出てその後、撮影した画像をバックアップするためにＰＣを開くと一通のメールが届いていた。関西在住の企業家Ａ氏からのメールだった。Ａ氏からのメールを開く際は、いつも色々な意味で緊張する。たいていは急な依頼で、その多くは神社仏閣での儀式の撮影で、なおかつ儀式自体の意図がわからないことが多いからだった。ある時など「午前一時に京都のY神社の駐車場に来てください」という謎の依頼を受けて、私は高感度カメラをもち、まるでゴルゴ13になったような気分で、東京からその現場に向かったことがあった。十数人ほどの参列者がいたが、私には参列者の顔もわからず、ただ指示通りに儀式を撮影したが、未だにあの神事が何を意味するものだったかは不明のままである。

そんな理由でメールを緊張しながら読んだが、今回の依頼は、A氏がここ数年進めている奈良、吉野山《よしのやま》での桜中茶会の撮影の依頼だった。京都東山から西行法師終焉《さいぎょうほうししゅうえん》の地である西行庵の現主である花輪竹峯氏がこられ、同じく吉野山の西行庵にほど近い水分《みくまり》神社において、献香献茶式が行われるという。コロナウイルスの感染が進行しているため、開催決定は保留になっているとの話だった。この頃にはコロナの影響で春に予定している仕事が次々に中止になっていたので、おそらくこれも同じように中止になるのだろうとの思いで、A氏にはスケジュールが空《あ》いている旨だけを返信した。ただ、A氏が一般の企業家と異なるのは、四月になって、規模を大幅に縮小しながらもこの茶会を開催したことだった。会社に大きな神棚を設置し、神仏を祀っている経営者は少なくない。その多くは事業の隆盛を願う気持ちからであり、いわゆるご利益信仰に近いかもしれない。A氏はその逆で、神仏を祀るための方便として事業を展開しているようだった。今にして思えば、A氏の中では高千穂、天岩戸神社へと至る道は、すでに決まっており、利尻島で受け取った一通のメールから、それは始まっていたように思える。いつもの仕事と同じように、私には全く知る由《よし》もないことだったが。

その後、私は某大手スノーボードメーカーのプロモーションのため、カナダから来た友人と、私のガイドの師匠たちが利尻山に挑戦するドキュメンタリー映像の撮影を行った。この頃になると、世界的なロックダウンが噂され始め、彼らの渡航自体も危ぶまれることだった。しかし、欧米人が私たち現代日本人と異なる点は、リスクという概念を深く理解し、それに対処する術《すべ》を知っている点である。私がカナダの山岳ガイドから学んだ最大の知恵は、この言葉の持つ真の意味だった。日本語で「危険」と一くくりにされる概念は、リスクの他にもdanger, hazard, perilなどがあり、それぞれニュアンスが異なる。リスクの語源は一般的には、イタリア語のrisicare（リジカーレ）に由来しているという。古代の地中海において、危険を顧《かえり》みず岩礁《がんしょう》の間をぬって、貿易のために出帆《しゅっぱん》する船乗りたちを指す言葉らしい。ピーター・バーンスタイン著の『リスク　神々への反逆』には、リスクの語源についての興味深い示唆《しさ》がある。

「この言葉（リスク※筆者注）は『勇気を持って試みる』という意味を持っている。この観点からすると、リスクは運命というよりは選択を意味している。われわれが勇気を持ってとる行動は、われわれがどれほど自由に選択を行えるかに依存しており、それはリスクの物語のすべてでもある」

日本社会において一般的にリスクは「避《さ》けるもの」として、暗黙の了解がある。しかし、欧米人は登山の際、複数の選択肢があり、決断を求められる時なども、大胆に「リスクをとろう！――Let's take risk!」などと言うことがある。バーンスタインの言葉の通り、〝リスクは勇気をもってとる選択〟を行っているのだろう。もちろん、その結果、失敗することもある。日本社会では、「ほら、見たことか」と言われてしまう失敗である。しかし、失敗が許容される社会、失敗する自由がある社会もあって、そういう社会で育った人間のほうが、かえってリスクへの理解は進むのかもしれない。私たちは逆にリスクを腫《は》れ物に触《さわ》るように扱い、いつまでたっても本質を理解しえない。

そんなこんなで、彼らカナダ人は大都市や空港での滞在時間を極力短くし、少しでも密閉された空間を避けるために、新幹線を使って札幌までやってきた。その後は陸路で稚内まで北上し、フェリーで利尻島まで辿り着いた。彼らの目的は利尻山山頂からのスノーボード滑降で、私の仕事はそれをカメラにおさめることだった。

およそ十日間の滞在のうちにも、コロナを巡る状況は刻々と変化し、山に登らずとも社会で平穏に生活しているだけでもリスクのある状況となっていた。そんな中、あえて山頂を目指すことの意義も議論された。山中で不慮の怪我をし、ヘリなどの救助リソースを無駄に使用することなどは絶対に避けなければならない。滞在期間中に晴天が巡ってくる最後のチャンスを前に、彼らは賭けることを決断した。

その日の夕方、北西方向に向かって波間に沈む太陽が、とても神秘的に見えた。この時に撮影した写真は、その後、令和五年の靖國神社遊就館の特別展「海鳴りのかなた〜波間より現れる戦中の記憶〜」のメインイメージとして使用して頂くことになった。国境警備に命を落とした会津藩士たちは、靖國神社に祀られることは叶わずとも、海中に沈んだ魂が、そうさせたのだろうか。

靖國神社に奉仕される神職の方から伺った話で、利尻島については、不思議な話がある。その方によると、利尻島に鎮座する、とある神社の神霊はもともと南の端、屋久島《やくしま》に鎮座していたという。その神霊は一定期間、屋久島に留まった後「われを○○の地に遷座したまへ」といったように崇敬者に神意を示し、その都度、崇敬者は神霊の指示ごとに依代《よりしろ》を移した。そして現在、その神霊は利尻島に鎮まっているという。この話を教えてくれた靖國神社の神職の方は、本職の休日などを利用して、その神霊を遷座するお手伝いをしてきたそうだ。皇祖皇霊《こうそこうれい》を祀る相応《ふさわ》しい地を探すために、大和《やまと》をでて伊勢の地に辿りつくまで、約四十年をかけて神霊と旅した倭姫命《やまとひめのみこと》の話は有名だが、まさか二十一世紀になっても現実にそのような神事が行われているることを知り、とても驚いた。利尻島と屋久島、北と南を守る要《かなめ》の霊山なのだろう。それは幕末の頃から変わっていない。かつては会津藩士が警護していた島、現実的にも、霊的な意味でも、その役割は変わっていないのだろう。

勇気をもって選択すること、それは二百年前の武士にとって、日常の作業だったに違いない。私たちもその子孫であるならば、どうして出来ないことがあろうか。コロナ禍であっても、リスクを認識した上で目的を達成することは可能だ。私はそれをカナダ人からも学んだ。彼らは目的を果たして帰国の途につき、同時に私の利尻島での冬の仕事も終わり、フェリーで稚内へと向かった。

海鳴りのかなた

このまま本州へ帰り、奈良吉野への旅へと話を進めてもよいが、帰路に出くわした光景についても、記しておかねばならない。それは、稚内から札幌にむけて車を進めている時だった。西に沈みつつある太陽が、いつもより神秘的に見えた。西の方角、焼尻島《やぎしりとう》の方角に厚い雲が見られるが、その合間をぬって、太陽光線が海に投げかけられている。それはまるで、ダーレン・アロノフスキー監督の映画『ノア　約束の舟』の一シーンのようだった。大洪水の後、方舟《はこぶね》からノアが初めて陸地を見つけた、あのシーンのように神秘的だった。私は海岸線をみつけては、三十分ごとに走ってては車をとめ、撮影を繰り返した。日没が近づくにつれ、太陽の輝きは逆に増しているように思えた。何か異常な現象が進行していることだけは分かった。

後にこの時の写真を、思想家の執行草舟《しぎょうそうしゅう》氏に見てもらうことがあった。執行氏は東京麹町において、実業家として会社を経営する傍ら、独自の生命論を展開し、様々な著作でその哲学を発表されている。私はその思想に深い影響を受け、二十代の頃から、芸術上のアドバイスを頂いている。写真を見て、執行氏は「これは『昇る落日』に違いない」とおっしゃった。後に執行氏が主催する戸嶋靖昌《としまやすまさ》記念館が発行する冊子『ARTIS』第6号において、「昇る落日」という概念について、次のように述べている。

「人間が生まれたということはその終末である死が予言されている。優れた芸術は命を投げ出したところ、死から生まれている。つまり命を投げ出すというのは落日であり、その落日を叩きつけたならば、昇る太陽のような芸術が生まれる。落日だけが昇る太陽を表わすことが出来るのです。逆に昇る太陽を表わしたら、来たるべき落日が示される」

私たちの生命時間は、太陽などの星やそのほかの宇宙的な存在と比べれば、あまりにも儚《はかな》くその時間は一瞬である。その一瞬を芸術として表すには、逆説的で危険を顧みない表現が必要となる。登山でも同じかもしれない。シベリアから吹き付けるブリザードに頬を凍らせながら、厳冬の利尻山を目指す時、人から見たら、登山者が死に向かって歩みを進めているように見える時、実は、その時こそ山を愛する人間の生命が、最も燃え上がっている時といえる。この場で目撃した「昇る落日」は、そういった人間の時間さえ超えて、ただただ壮麗な落日だった。

――あの太陽は必ず復活する。

この神話的風景を目撃して、無意識に私はそう思った。水平線に日が没しても、まだその残余のエネルギーがメラメラと雲を赤く染めている。物理学的には地球の自転運動によっておよそ十二時間後には太陽は再び昇ってくるが、復活とはそういう意味ではない。

復活という点で、思い出す歴史小説がある。南北朝時代の動乱を描いた山岡荘八《やまおかそうはち》の『新太平記』では、主人公の一人であり、後醍醐《ごだいご》天皇を支えた源氏の棟梁・新田義貞《にったよしさだ》が不慮ともいえる遭遇戦（燈明寺畷《とうみょうじなわて》の戦い）で命を落とし、物語が半ば強制的に終了する。長編の小説が突然終わるのである。その瞬間、突如として読者は現実に投げ出されるが、同時に読了後もしばらく新田義貞の魂が、閉じられた紙面を深く重く覆っていることに気付かされる。そして、義貞以前に討ち死にした数多くの志士たち――楠木正成《くすのきまさしげ》に代表されるような――の魂も「いずれは復活するのだろう」という思いに自然にかられるように、山岡荘八の筆は、私たちの心を巧みに誘導している。

暗く冷たい北の海に沈んだ太陽。質量の塊のような、あの重々しい太陽。あの太陽が復活するなら、それを目撃し、写真に収めたいものだ。

私はそう思って、北海道を後にした。

昇る落日 I

昇る落日 II

第二章　大和国　吉野山

四月七日、東京で第一回目の緊急事態宣言が発令された。その四日後、私は東京の自宅から車で奈良の吉野町に向かった。A氏から撮影の仕事の依頼を受けたためである。東名高速はほぼ無人で、車の影は見当たらなかった。立ち寄った小さなサービスエリアでトラックが停車していたが、乗用車は全く見当たらない。なるべく人との接触をもたないように、トイレの前に停車し、しばらく人の出入りがないことを確認してから、中に入って用を足した。この日より一か月後くらいに、普段は大気汚染が激しいインド北部の都市ジャランダルで、200キロメートル近く離れたヒマラヤの山並みが数十年ぶりに見晴らせるようになった、というニュースが流れていたが、この時の東京の空も、心なしか澄んでいたように思う。春の、うららかな日差しの下、人の影だけが見えない。この光景を見て、なぜだが、以前見たモノクロの三島由紀夫のインタビュー映像を思い出した。終戦の玉音《ぎょくおん》放送を聞いた際の印象を話しているインタビューで、YouTubeで偶然見かけたものだ。

「戦争が負けたら、この世界は崩壊するはずであるのに、まだ周りの樹々が、緑が、濃い夏の光をあびている」

日本にとって、また戦後を生きた知識人にとって運命の一日であるその日。濃い夏の光。真夏の強い日差しが、同時に映し出される深い影の存在を暗示している。あの時、ビルや工場や住宅など文明を構成する物質的要素は徹底的に破壊されたが、日本人は飢えに苦しみつつも、来る本土決戦にむけて旺盛な意志力を保っていた。それに対し今回は、飢餓もなく、施設も住居も物質的要素は何も破壊されてもいないのに、ただ人間だけが、自らの意志で文明世界から速やかに退場してしまった。あの夏の日のように、ドラマチックな影も出来ない、ただただ優しく淡い春の日差しの下に。人々はおそらく、この日のことを忘れてしまうだろう。何しろ、影が出来ないのだから。

高速を下り、奈良盆地に入る頃には晴れていた空も、橿原市を南下し、吉野町に差し掛かる頃には、雲に覆われ始めていた。奈良県は、地域によって気候が大きく異なる。北部の盆地は比較的温暖で雨は少なく、吉野を含む南部は山間性気候となり、気温も低く雨も多い。最南部で三重県との県境にある大台ヶ原などは、年間降水量が4000ミリを超え、一年の半分は雨が降っていると言われている。

桜で有名な吉野において、歴史上最大の花見の会は、豊臣秀吉による文禄三年（一五九四）の花見と言われている。秀吉が訪れた際も雨が三日間続き、このまま雨が上がらなければ、吉野全山に火をつけて下山する、と京都聖護院《しょうごいん》の僧、道澄《どうちょう》を脅し、驚いた道澄は吉野全山の僧に命じて晴天祈祷をさせた、という有名な話が残っている。写真家としての私は、雨や霧に霞《かす》む吉野の桜ほど幽玄《ゆうげん》なものはなく、それは日本的な美の極地《きょくち》の一つであるとも思っているのだが、徳川家康や前田利家《としいえ》、伊達《だて》政宗《まさむね》など名だたる大名の他、総勢五千人を引き連れていたという天下人には、晴れの日の満開の千本桜が必要だった。同じく秀吉が作らせた悪趣味の代表ともいわれる北野天満宮の黄金の茶室も、豪華絢爛《ごうかけんらん》な大陸的な美意識であって、万葉の頃より吉野が培《つちか》ってきた「もののあはれ」の精神、そして利休《りきゅう》によって完成された「わび」「さび」の精神とは対極にある。

もし秀吉が、霞の中に「幽玄」を見て、一振りの枝垂《しだ》れ桜に「もののあはれ」を感じる人物

第二章　大和国・吉野山

桜と金峯山寺蔵王堂

であったなら、彼の晩年も、また歴史も大きく違っていたことだろう。利休との間に起こった不幸も、すべてはこの美意識の相違によるものであり、またお互いの信じる美への探求が命がけのものであったからに他ならない。庭に咲く朝顔をすべて切り取り、利休が茶室にその一輪の花をかかげたのは、自らの芸術的生命をかけた秀吉への問いであった。それを秀吉は理解せず、逆に利休への問いをもって返した。そこまで信じるおのれの美学へ生命を捧げる覚悟があるのかと。秀吉が単なる無知であれば、一輪の朝顔を尊び、利休を讃えただけで終わっていただろう。しかし、秀吉はついに自分が日本的美の極地を理解しえないことを知っていた。利休は切腹を命じられ、利休の死にかわって、茶の湯（侘茶）が永遠の命をえた。

吉野を訪れるのは何度目だろうか？　ここ数年はA氏の会社が主催していた桜中茶会の撮影のため、毎年桜の時期に訪れることが定例となっていた。神仙《しんせん》の流れとしての吉野川、また桜の名所としての吉野山、万葉の時代から歌枕《うたまくら》としての吉野のイメージは、日本の他の聖地とは全くその質を異にしている。吉野は吉野山と呼ばれているとおり、山そのものが一つの聖地を構成していて、中腹の金峯山寺《きんぷせんじ》を中心に、垂直方向に聖地のレイヤーが幾重にも積み重なっている。数々の涙と血が流された地層そのものが、なにか日本の歴史そのものの積み重なりにも思え、視覚的な美しさに加えて、歴史的な重みを感じさせるのである。

加えて私は山岡荘八の『新太平記』を読んで感動して以来、吉野朝（南朝）に対する思い入れが強く、以来、南朝お抱えの従軍カメラマンを自称し、南朝ゆかりの史跡や銅像を撮影している。吉野といえばそれはすなわち日本の首都であり、我が国の聖地としては最上位に位置する都である。と、著しく偏った思想をもち合わせている。しかし後に、前述の執行草舟氏が、

「吉野とは日本の國體《こくたい》を表す言葉である」

と言われていることを知り、吉野が単に南北朝時代という限定された時代においてだけ、重要な役割を果たした訳ではないことが分かった。國體とは、「これ以上やれば、もはや日本人ではなくなる」という一線を保持している壊れやすい器のことかもしれない。そしてその器が脅かされそうになるとき、伝統的日本人は吉野に立てこもり、背後に広がる大峰山の地霊の応援をうけ、「日本人らしさ」を取り戻す戦に出る。吉野とはそういう土地なのだ。

思えば、神武《じんむ》帝の東征以来、この地に行幸された天皇や、この地を訪れた後、歴史を展開させた偉人は数えきれない。役行者《えんのぎょうじゃ》、天武《てんむ》天皇、藤原道長《ふじわらのみちなが》、西行法師、源義経《みなもとのよしつね》、大塔宮護良親《おおとうのみやもりなが》

王、そして後醍醐天皇。

袖かへす　あまつ乙女も　思出や　よしのの宮の　昔がたりを

（『新葉和歌集』宗良親王全集）

後醍醐天皇が天武天皇の故事《こじ》を歌った和歌である。「よしのの宮の昔がたり」とは一般的には、天武天皇がまだ皇子《おうじ》の頃、吉野で目撃した天女《てんにょ》の舞とされている。現在も宮中に伝わる五節舞《ごせちのまい》の起源とも言われている舞である。しかし、この歌は同時に（というよりむしろ）建武中興《けんむのちゅうこう》への後醍醐天皇の並々ならぬ決意を示す歌ともとれる。鎌倉幕府を打倒し、建武中興が成立した後、皇統を巡って祖父（亀山天皇）の代から対立してきた持明院統《じみょういんとう》との融和《ゆうわ》政策の一環として、後伏見《ごふしみ》天皇第一皇女の珣子《しゅんし》内親王を正妃として迎えた際、自らの妻にむかって詠《よ》まれた歌である。大覚寺統《だいがくじとう》の後醍醐天皇は持明院統との様々な融和政策をとられたが、そのうち最大のものが、持明院統から正妃を迎えたことだった。

そう考えると、後醍醐天皇が忘れまいとしている天武天皇の故事「よしのの宮の昔がたり」とは、皇室を分裂させかねないリスクを孕《はら》んだ内乱、壬申《じんしん》の乱そのものではなかろうか。万世《ばんせい》

平成 26 年、初めて訪れた吉野山で目撃した空。天武天皇が目撃した天女の舞とは、あるいはこのような空ではなかっただろうか。中千本より蔵王堂を望む。

吉野朝宮跡

一系《いっけい》という日本の柱を破壊しかねない極度の危険。逆にいえばそこまでしても、あるべき日本の国柄を回復させたいという願いがあったからであろう。その天武天皇の願いを継承したいと、建武中興という復古革命を成功させた直後（この時はまだ後醍醐天皇は当然、京都におられた）に後醍醐天皇は歌われた。そして歴史は、この歌の通りになる。

後醍醐天皇と珣子内親王との間には、男子が生まれなかった。もし、男子が生まれていれば、両統の血を受け継ぐ天皇となり、その後に続く南北朝の動乱も大きく変わったものになっていたかもしれない。

◇

今回の献茶式は水分神社で行われる。ただし、緊急事態宣言下でもあり、規模は大幅に縮小し、A氏の他、献茶を行う花輪竹峯氏、その他、A氏の長年の同志数名の最低限の集まりとなった。いつものように、A氏は儀式の意図を明かさないため、私は指示どおりに撮影を行うだけである。

花輪竹峯氏は京都の東山にある西行庵の現主として、また、自らが打ち立てた西行庵円位《えんい》流《りゅう》の家元として知られる茶道家であり、A氏とは前年知り合いになったという。京都の西行庵は西行法師終焉の地として江戸時代半ばまで伝わってきたが、その後、荒廃し、明治期になって再興され、様々な経緯により先代から花輪家の預かるところとなった。花輪家の先祖は豊臣秀吉の五奉行の一人、長束正家《なつかまさいえ》に繋がっており、現当主もそのような自認でいたが、近年の研究で長束正家は西行法師つまり佐藤憲清《さとうのりきよ》の長男、佐藤隆聖に繋がるという説がもち上がった。西行法師終焉の地に、約九百年ぶりにその血に繋がる者、つまり、花輪家が戻ってきたということになる。こういった武家との歴史的な縁により、西行庵には武家茶道が相応しいということで、現当主が新たに起こした流派が西行庵円位流である。花輪竹峯氏は、西行庵の茶室において自らの出自と、西行庵の歴史を一時間以上に亘って、全く姿勢を崩さず語り続けた。平家物語や太平記において、戦の前に長々と名乗りをあげる武士が登場するが、花輪氏の姿はそれを連想させた。当然ながら私の足は痺《しび》れ、写真を撮るフリをしながら定期的に足を崩すことが出来たが、隣にいたA氏は動くことも出来ずに顔を真っ赤にしていた。それでも、足の痺れに悶《もだ》えつつ、なんとか踏ん張っていて、A氏なりの誠を示そうとする姿が見てとれた。

会場となった水分神社は、延喜式神名帳《えんぎしきじんみょうちょう》にも名を連ねる古社で、秀吉が子授け祈願を行い、子の秀頼《ひでより》を授かったといういわれのある神社である。もとは水神〈みくまり〉であるこの神社の祭神に対し、文武《もんむ》天皇の頃にはじまった降雨の祈願が、いつの頃からか〈みこもり〉〈みごもり〉となまって、子授け祈願の神へと転じたという。現在の社殿は、その秀頼が慶長六年に建てたものだ。水分神社には御祭神の玉依姫《たまよりひめ》の姿を刻んだ鎌倉期の木造坐像があり、国宝に指定されている。神社の御神体として非公開になってはいるが、写真を拝むことが出来る。笑窪《えくぼ》が印象的な当時の高貴な女性像で、ふくよかな愛らしい表情を今に伝えている。そのほか、西行法師の坐像があるが、こちらは江戸期に作られたもので、天明五年（一七八五）乙巳春との銘がある。元々は2キロメートルほど山に入った西行庵跡に安置されていた像だそうだ。

西行法師は、吉野に三年間ほど滞在されていたようで、その庵を復元したものが、現在も吉野山中にひっそりと佇《たたず》んでいる。A氏たちと数名で、茶会で使う水を求めるため、西行庵周辺に湧き出る泉に水を取りにいった。吉野の背後に控える大峰山系《おおみねさん》は水に恵まれた地で、周辺にはたくさんの湧水が流れでている。以前、A氏からの依頼を受け、同じく吉野にある大峯山護持院櫻本坊《さくらもとぼう》の大峰奥駈《おおみねおくがけ》修行に同行取材をさせて頂いたことがあった。奥駆道《おくがけみち》とは修験道《しゅげんどう》の開祖とされる役行者によって開かれた修行の道、祈りの道であり、標高900〜1200メートルの山々を結んで遠く熊野まで続く道である。この時は吉野から山上ヶ岳《さんじょうがたけ》を登り、弥山《みせん》を超えて後鬼《ごき》までの三泊四日の行程だったが、ほぼ雨に降られっぱなしだった。私は取材なので、普段の登山用装備で出陣したが、行者はすべて木綿の白装束と菅笠《すげがさ》の出《い》で立ちである。雨が降った場合、行者は上からナイロンのポンチョをかぶるが、ポンチョも菅笠も風には滅法《めっぽう》弱い。これくらい雨が降れば、麓《ふもと》の谷の水の豊かさもうなづけると思いつつ、ついに撮影機材もびしょ濡れになり、散々な目にあった記憶がある。

しかし、山旅とは不思議なもので、過酷な旅ほど学《まなび》が多く記憶に残り、天気が良い旅はその場では感動するが、記憶には残らない。

この時の修験道の取材で悟ったことは、私のような山男は結局、修験道では仏道《ぶつどう》でいう悟りに至れないということだ。『修身教授録』で知られる森信三《もりしんぞう》は、「なぜ、真理は一つであるはずなのに、仏教にはたくさんの異なる宗派が存在するのか？」という問いに対して、「その人の性格によって、悟りに至れる方法が違うから」という面白い回答をしている。つまり、嫌なこと、嫌いなことをするから修行になるのであって、元々、山が好きな人間がいくら山伏の修行をしたからといって、それは単に趣味の延長に過ぎない。山が好きな人間、あるいは冒険好きなタイプの人間には、修験道より禅などの静を重視する修行のほうが良いのかもしれない。宮本武蔵《みやもとむさし》を例にあげるまでもなく、歴史上の剣豪はそのまま優れた禅者となっている。

私も中学生の頃に、禅に興味をもち、関係書籍を読んでいた時期があったが、とにかく座禅だけは苦痛で止めてしまった経験がある。その後、登山に出会い、それからはひたすら山を歩いてきた。面白いものだが、四十代になって再び、禅に興味をもちはじめ、座禅をする機会も増えてきた。自分でも分かるのだが、子供の頃よりも下半身の筋肉がつき、体幹がしっかりしてくると、座禅をして座っていても苦痛ではなくなった。数年前に、山梨県にある臨済宗《りんざいしゅう》の恵林寺《えりんじ》（武田信玄《たけだしんげん》の菩提寺《ぼだいじ》で有名）のご住職から伺った話だが、ご住職も最近は近隣の山に登り、行脚《あんぎゃ》を積極的に行っているという。そのようにして歩いていると、今度は逆に座ること、つまり座禅が以前よりも一層深まった、というような話をしてくださった。考えてみれば、剣豪が禅の修行を行っていた時代、移動手段の殆どが、徒歩以外にはなく、人々は生まれた時から歩いており、歩く時間が現代人とは比較にならないくらい、多かったのだ。私は現代人だが、運良く山を歩いていたので、若い頃には苦手だった座禅にも、スッと入れたのかもしれない。

ちなみに、この奥駆道は天皇陛下も皇太子時代に歩かれている。洞川《どろがわ》から山上ヶ岳へ登り、弥山や八経ヶ岳《はっきょうがたけ》へとルートを辿られた陛下は、登山者の少ない時期を選び、梅雨時期の六月十三日から二泊三日の行程で登山をされた。その行程中は全く雨に降られず、遠く生駒《いこま》、金剛《こんごう》山系《さんけい》の山々まで見渡せたと、記されている。梅雨時期の大峰山においては、全く奇跡的なことだ。この登山の際、陛下は当然ながら山小屋（宿坊）に宿泊された。山上ヶ岳山頂には、金峯山寺の護持院がそれぞれの行者《ぎょうじゃ》を迎えるため、宿坊を構えている。これらの宿坊は、良い意味で前近代的な作りで、北アルプスの主稜線《しゅりょうせん》に見られる快適な山小屋ではなく、古風で、不便で、粗末な生活を強《し》いられる小屋だ。しかし、木綿100パーセントの、水を吸って重く冷たく皮膚にまとわりつく行衣《ぎょうえ》を身につける行者にとっては、屋根があり、風雨がしのげれば、それは仏の加護として有難さが身にしみるのだろう。陛下はそれまでに登られた数々の山の思い出を、「歴史と信仰の山を訪ねて」（日本山岳会機関誌『山岳』二〇一六年）というエッセイに記され

大峯山脈

大峰山山頂の宿坊（櫻本坊）

ている。お忙しいご公務の間をぬって、百五十座以上の山を登り、日本百名山の約半数に登頂されたうちから、特に我が国の歴史と信仰に直結する山々での思い出を記されているが、日本の信仰の山の中で、最初にとりあげ、最もページをさかれているのが、この大峰山の思い出である。陛下にとっても特別なご経験であったのだろうし、また、日本の霊山《れいざん》の中でも、とりわけ大切な山と捉えておられるのだろう。

◇

「写真ばかり撮っていないで、広田さんも、飲んでごらんなさい」

　A氏に促されて、カメラをおき、チョロチョロと流れ出る湧水をすくった。山中の水はいつも、ひんやりと冷たい。西行庵跡は広大な大峰山系の入り口に位置しているが、その周辺から湧き出る水は、背後に広がる霊場としての山々を潤《うるお》した雨が、長い年月をかけて地下まで浸透し、再び地表に現れた水である。水を汲み、A氏は満足げだ。この水を使って、献茶式が行われる。

　翌日、水分神社では、この日のために西行像が厨子《ずし》の中から出され、座布団の上に据《す》えられていた。縁側から庭の枝垂れ桜を眺めるように西行像が配置され、像に向かって花輪氏が献茶をすすめる。円位流の作法は法螺貝《ほらがい》から始まる。その後、密教的な真言《しんごん》や数々の神名が唱えられ、献茶へと進んでいく。静の茶、動の法螺貝ととても対照的で、躍動感がある。山伏の聖地である大峰山にふさわしい。儀式の途中、何度も西行像に向かって平伏する花輪氏の姿をみると、本来の神と人との関係性はこのようなものだったのではないかと、思わされる。畏れるべき存在の前では、人間が本当にぺしゃんこになって、平伏している。いわば土下座だが、なぜ、気品を感じるのだろう。私も普段、クライアントに対してペコペコせず、こんなお辞儀が出来たら、と思ったが、代理店の人は間違いなく嫌がるだろう。というか、来季の仕事はないかもしれない。しかし、この場においては花輪氏の礼法には、人を感動させる力があった。四月とはいえ山深い吉野はまだ肌寒く、霧はより一層深さを増してきて、枝垂れ桜と背後の社殿は幽玄の中に溶け込んでいる。花輪氏は外の様相に一切気をとられることなく、献茶式を進めている。刻々と深さを増していく霧にまかれ、背後から見る西行像は、じっと枝垂れ桜を見つめており、私はいつの間にか平安時代に紛《まぎ》れ込んでしまったようだった。

◇

「いい写真というものは、写したのでなくて、写ったのである。計算を踏みはずした時に

水分神社と枝垂れ桜

西行法師像

だけ、そういういい写真が出来る。ぼくはそれを、鬼が手伝った写真と言っている」（土門拳『死ぬことと生きること』）

「写真の鬼」として知られる昭和の大写真家・土門拳《どもんけん》はこのようにいっている。自分が「写す」という自意識をもっている限り、鬼はやってこない。また、計算を踏みはずす、ということは、始めから無策でよいという訳ではなく、やはり撮影者は被写体に対して、何らかの解釈なり回答をもっていなければならない、という意味だろう。見るものに新鮮な感動を与え、思わず息を飲むような写真を撮るためには、その計算自体に破れが生じる必要がある。その破れの中に土門拳のいう鬼が、入り込む余地が生まれるのだろう。かといって、その破れを意図的に作り出すことは、本末顛倒《ほんまつてんとう》である。私たち撮影者に出来ることは、とにかく撮影に集中し、陶酔とともに時間を忘れることだけかもしれない。

献茶式が終わると、先程まで境内《けいだい》を覆っていた霧は消え去り、雨脚が強まるとあたりは平凡な景色になってしまった。もちろん、社殿はそのままあるのだし、西行像は相変わらず、枝垂れ桜を見つめている。ただ、幽玄そのものは、すでに去ってしまっている。

いつもどおり、皆で記念撮影を終えると、
「広田さん、お疲れ様でした。今日はいい写真が撮れたんじゃないですか？　早く見たいですね。写真が出来たら、京都の花輪先生の西行庵にもご一緒しましょう」

と言って、A氏はいつもの人懐っこい笑顔に戻った。A氏とは仕事を通じて二年ほどの付き合いになるが、仕事場以外で会ったことはない。今回のように、いつも関西での撮影依頼がきて、東京から車をとばして、現地で落ちあい、一日か二日、撮影をしてそのまま別れて帰る。顔の広いA氏ならば、身近にカメラマンなどいくらでもいるはずであるが、こうした儀式の撮影では、必ず声をかけてくださった。そして、たいていは仕事の終わりに次の仕事の依頼を受けたのだった。

「ところで、そう、六月の予定、後で聞かせてください。広田さんも九州に行く話をしていましたよね？」
「はい」

と答えたものの、今はさすがに状況が違う。

「福岡に山の取材に行く予定だったんですけど、ただ、ちょっとこういう状況なので……」

再来月《さらいげつ》の話どころか、明日のこともわからない、そんな時代に突如として私たちは投げ込まれている。それなのに、いつもと変わらぬA氏の態度に私は半ば呆れた。

私は毎月、アウトドア雑誌において、日本の信仰の山を訪ねる連載を、かれこれ十年以上続けている。次回は九州の英彦山《ひこさん》の取材を予定していた。ただ、緊急事態宣言が出ている今、飛行機での移動ははばかられるし、危険を伴う登山はそもそも自粛するべき、という話が編集部からも上がっていた。

私の怪訝《けげん》な顔から真意が伝わったのか、A氏は珍しく折れた。

「そうですね。では、改めてお話しましょう」

第三章　日向国　天安河原《あまのやすかわら》

奈良から戻り、緊急事態宣言が発令された後の、東京の自宅で丸二か月に及ぶ自粛期間をどのように過ごしていたか、あまり思い出せない。人間は自ら思考し、自らの責任で決断、実行したものごとについては記憶に残るが、たいした考えもなく流行にのったり、他人の責任のもとに行ったことについては、記憶が残らないらしい。山でも、人の後について登った道は記憶に残らないように。

カレンダーをみても、二つ三つの原稿の締め切りが記載されているだけで、残りは空白になっている。不安定極まりないフリーランスの私が、この時期、どうやって食いつないでいたのだろう。国全体が引きこもってしまったようなあの時期、何をしていたのか、まったく思い出せない。山にいったなら写真を撮るので、それがそのまま記録となり、日付とともに記憶と結びついている。しかし、あの当時は登山は事実上、禁止されていた。本来なら、山やアウトドアは密《みつ》を避けるのに最適な場所だし、自然免疫力を保つうえでも、精神的ストレスを緩和させるので、自然に触れ合うことは推奨されるはずだったが、実際は違った。ある登山者が八ヶ岳《やつがたけ》を登山中に遭難し、ヘリコプターを呼んだのだが、その登山者に陽性反応がでたため、レスキュー隊全体が隔離されるという騒動が起こった。以降、この時期に登山をする人間は非国民である、という風潮になってしまった。どのような権限があってか知らないが、地元の人々が国立公園にある登山口を封鎖した、という情報も流れ始めた。著名なアルピニストもSNSで登山の自粛を呼びかけ、リスクの低い里山のトレイルまでも自粛が呼びかけられた。

当時の国民に蔓延していたヒステリックなまでの自粛ムードは、今となっては誰も正確には思い出せないだろう。国民全体が引きこもってしまった。自粛しない業種は二つだけだった。政治家とマスコミだ。彼らは自粛をすすめるために、仕事をしなければならないようだった。国民もそれに喜んで協力し、自粛警察という名の善意の市民が、マスクをつけていない人を罵倒したり、他県ナンバーの車を傷つけたり、営業を続ける飲食店に嫌がらせをする事案が多発した。少しでも感染リスクを高める行動は一律に非難された。それらは一律に行われた。白か黒か、だけであり、中間は存在しなかった。刻々変化する感染状況に応じて、対応を変化させるといった柔軟な行動は許されなかった。

このような状況を見て、戦後の日本人にはリスクマネジメントの概念を理解するのは無理だと思わざるをえなかった。リスクマネジメントとは目的や理想に向かうため、どの程度の危険を引き受けるか、という議論である。残念ながら、私たちの国家には国家自体に目的や理想がなく、国民は少しの痛みも引き受ける意志がない。私たちは戦後八十年近く、「国民の生命と財産を守る」という目的らしきもののため、北米の専門家に莫大な金を払い続け、リスクマネジメントそのものを委託してしまっている。そのような国に八十年も過ごしている者たちが、目の前に降りかかるリスクについて、正常な判断が出来るだろうか。どだい無理な話だ。

そうこうしているうちに緊急事態宣言が明け、人目を憚《はばか》りながら、人々は恐る恐る活動を開始した。この間、私はどんな仕事をしていたのかあまり記憶にないが、メールを見返すとA氏とのやりとりだけは継続していたのが分かる。A氏にはリスクを負ってでも達成すべき目的があるようだった。ただ、その目的はいつもの通り不明である。六月末には再び、花輪竹峯氏が九州東部の神社を巡り、献香献茶式を行うといい、それに帯同して撮影依頼を頂いた。私も元々予定していた福岡の英彦山の取材をそれに合わせ、月末におよそ一週間の予定で、九州に出張することになった。宮崎県高千穂町の高千穂神社と天岩戸神社で献茶を行い、その後、神武天皇ゆかりの神社を巡礼し、最後は元伊勢《もといせ》とも呼ばれる大御《おおみ》神社での献茶式を行うという。

高千穂にはお隣の熊本県の阿蘇《あそ》くまもと空港からレンタカーで向かった。実は私は九州の山に登るのは初めてで、全くといって地理感覚がなかった。二十代の時に行っていた富士山の登山ガイドの仕事では、九州からのお客さまを案内することが多かったが、そのお客さまに登山経験を聞くと、たいていは「くじゅう（九重）と阿蘇には登っています」という答えが返ってきた。私は今回、その九重連山と阿蘇山の麓を通り、高千穂に向かうことになる。

はじめて見た阿蘇や九重の山々の景色はとても印象的で、麓から山頂までゆるやかな山肌にそって草原がどこまでも広がっていた。『日本書紀』巻第七の景行天皇十八年にある「其國也郊原曠遠、不見人居」――その国は野が広く遠く、人家が見えない――という印象は、今も神代とさほど変わっていないように思える。

これはあとで知ったことだが、この完璧なまでに美しい景色は人の手によって人工的に作られたものだという。通常、本州の山では森林限界の２５００メートル前後までは森に覆われており、展望が望めない。しかし、阿蘇九重の山は本州でいえば3000メートル近い高山帯でしかみられないような樹木のない景色を、標高1000メートルちょっとの山でも見られる。阿蘇九重ではこの草原を維持するための「野焼き」という風習がある。早春の頃、風の弱い日を選んで、枯れ野に火が投じられる。火は瞬く間に波のように広がっていき、やがてそれは山頂まで登っていく。火が消えた後の山には、まるで噴火直後のような黒色の大地が出現する。一見すると環境破壊のようでもあるのだが、野焼きによって害虫駆除が行われ、かつその後に現れる草原には、深い森と同等の水を蓄える保水力があるという。もともと阿蘇は火山灰で形成された土地であり、深い森が育つ土壌がないため、放っておくと低い灌木《かんぼく》に覆われた人間にとっては役に立たない藪山が出現してしまう。そのための「野焼き」であり、人間が牧畜や保水などのために、いわば文明に寄与するように、長い年月をかけて人工的に自然を作り変えていったことになる。野焼きがいつから始まったかについては議論があるが、少なくとも『日本書紀』成立の年代には「野が広く遠い」景色があったというのだから、千三百年近い歴史があるのだろう。私たちが「癒《いや》し」を求め「自然」だと思って眺める景色のほとんどが、実は人工的に作られたものだと知ることは、後に天岩戸神社で行われる注連縄神事を考えるにあたり、重要な問いかけとなった。

阿蘇を離れると、草原は途絶え、いくつもの狭い渓谷を越える道となる。A氏とは阿蘇から高千穂へ向かう途中にある山都〈やまと〉と呼ばれる町の駐車場で待ち合わせた。北畠親房《きたばたけちかふさ》の『神皇正統記《じんのうしょうとうき》』には日本の雅称である大和〈やまと〉について、「山跡《やまと》」「山の戸」などといって、いずれも山との相関関係で説明している。さすが神話の故郷、大和の発祥はこの山都町に違いない、とその時は感動して思ったが、後から調べるとこの町名は平成の市町村合併の際に公募で決まったものだとを知り、心底がっかりした。これは推測に過ぎないが、地元の人々には、「ここそは、日本の故郷ぞ」という思いがあり、大和の本来の意味に近い山都という町名をつけたのではないか、とも思えてくる。

高千穂に着くと、A氏は高千穂神社にまっすぐ向かった。高千穂神社はこの地域の氏神である高千穂皇神《たかちほすめがみ》をまつる高千穂郷八十八社の総社である。正面の鳥居《とりい》から拝殿《はいでん》まで、参道の距離はそれほど長くはないが、どんな鈍感な人でも、一歩足を踏み入れれば、その清浄な雰囲気に言葉を失うだろう。境内の杉の大木の中に、「秩父杉」と呼ばれる大木がある。「むかし聞け秩父殿さへ相撲《すもう》とり」松尾芭蕉《まつおばしょう》の句であるが、ここでいう秩父とは、一ノ谷の合戦、鵯《ひよどり》越《ご》えで崖を馬を担《かつ》ぐだった畠山重忠《はたけやましげただ》のことである。高千穂神社にはこの杉のほかにも、国の重要文化財に指定されている鉄の狛犬《こまいぬ》一対が、畠山重忠奉納のものとして伝わっている。

私は数年前に、埼玉県深谷市《ふかや》にある重忠の銅像の写真を撮りに行ったことがある。その銅像は鵯越えの故事にちなみ、馬を担いだ大胆なポージングをしたもので、国内の武士の銅像の中でも第一級の作品である。しかし、坂東武者《ばんどうむしゃ》の鑑《かがみ》として武蔵國《むさしのくに》を根拠地とした畠山重忠が、なぜ突如として高千穂に現れたのだろうか。残念ながら「ちちふ殿」が源頼朝《みなもとのよりとも》の代参として杉を植えたと、高千穂神社に伝わる古文書以外には、畠山重忠が高千穂を訪れた事実を確認できない。そのほかに、九州と畠山氏を結ぶ手がかりとしては、畠山重忠の娘が薩摩の島津氏に嫁ぎ、島津氏初代島津忠久《しまづただひさ》の正室《せいしつ》となったという説がある。島津忠久は後年、日向国《ひゅうがのくに》の守護にも補任されるので、忠久としては自らの出自で最も武勇の誉《ほまれ》高い重忠が、頼朝の名代《みょうだい》として参拝したとすることで、権威づけを図ろうとしたのであろうか。わからない。

私自身も、南北朝時代に関する取材やフィールドワークで、その土地土地に伝わる伝承が、一般的に知られている歴史的事実と異なる立場をとっているケースに出くわしたことが、数多くある。それらの伝承は、現在の考古学的な史料を何よりも重んずる立場の歴史学では、迷信の類《たぐい》とされてしまう。しかし、考えてみれば、ある人物の生涯の全容を正確に知ることは、同時代でも不可能に近い。それが七百年も前のことであるならば、なおさらである。であるなら

高千穂神社の杉

高千穂神楽

ば、私たちは伝承を安易に否定するのではなく、自らの、他人に対する盲目性を自覚して、謙虚でありたい。確実とされている史料の上で確認できないことが、事実ではないという立場を取るならば、そもそも神話の存在意義はない。伝承や神話を含めて、歴史を丸ごと信ずる姿勢が、古人の魂とつながる鍵なのかもしれない。

◇

高千穂神社では花輪竹峯氏が献香献茶式を行った。式の前には、拝殿で神楽が舞われ、舞手は初老の男性であった。私は当時、神楽には全くの無知だったため、演目は不明。面をつけずに舞っていたが、男性の顔そのものが翁《おきな》であり、一見、単調とも思える舞も、その単調さゆえに神話的だった。舞は基本的に、同じ動作の繰り返しでありルーティンである。しかし、考えてみると自然界においても、存在の大きなものほど、同じ動作を繰り返し、小さなものほど、ランダムで不可解な動きを行っている。日月も、毎日、昇っては沈み、人間の時間を超えて悠久の動作を繰り返す。矮小《わいしょう》な人間の中に、天体のリズムを取り入れること。それが神楽の秘訣なのかもしれない。

それからだいぶたって、私はジョーゼフ・キャンベルというアメリカの神話学者の『神話の力』という本を読んだ時、この時の翁の「舞」を思い出した（ちなみに次の話は、京都大学名誉教授の鎌田東二氏が、神話についてのオンライン講義で引用された話で、私はそれがきっかけでキャンベルの本を手にとった）。キャンベルはあるとき、日本で行われた国際的な宗教会議に出席し、別のアメリカ代表の社会学者が、日本の神職に質問をしているのを立ち聴きしていたという。社会学者はこのように尋ねた。

「私たちはたくさんの儀式に参加したし、あなたがたの神殿もずいぶん見せていただいたが、そのイデオロギーがどうもわからない。あなたがたがどういう神学を持っておられるのか、理解できないのです」（ジョーゼフ・キャンベル＋ビル・モイヤーズ『神話の力』）

たしかにそうだろう。キリスト教のように教祖の言葉の解釈をめぐって公会議が開かれ、そのたびに異端裁判を行い、血みどろの宗教戦争を繰り広げ、戦いに敗れたならば、自分たちの信仰を守り抜くために、万里《ばんり》の波濤《はとう》を越えて新大陸を目指したのがアメリカ人の先祖だ。その末裔《まつえい》にとって、教典もなく、教義もなく、そもそも誰が始めたのかもわからない神道は、果たして、宗教と呼べるものなのだろうか？　ニューヨーク州出身の社会哲学者が疑問に思うのも不思議ではない。

花輪氏持参の茶碗を拝見する後藤宮司

「すると相手の日本人は、考えにふけるかのように長い間を置き、ゆっくりと首を左右に振ってからようやく言った。『イデオロギーなどないと思います。私どもに神学はありません。私たちは踊るのです』」（前掲書）

私たちの言葉でいえば、翁は「舞う」のだろう。天体のリズムに合わせ、我々を超越する何ものかのために。

その後、一同は参集殿《さんしゅうでん》で後藤俊彦《ごとうとしひこ》宮司とお話する機会に恵まれた。後藤宮司はこの翌年、神社本庁の定める最高位の称号である「長老」（長年神道界の発展に寄与された神職にだけあたえられる名誉）を授与された数少ない宮司である。長年、高千穂神社の宮司として奉職される傍ら、数多くの著作を通じ、神道の世界観や日本神話についての、定見《ていけん》を述べられている。その語り口は、分け隔てないお人柄そのもので、著書の『神棲《かみす》む森の思想』は、春日大社《かすがたいしゃ》の葉室頼昭《はむろよりあき》宮司の著書『〈神道〉のこころ』と並んで、私のような現代人がまさしく「神道の心」を理解する上での最良の本ではないかと思っている。ちなみに、高千穂の語源である「智舗《ちほ》（千穂）」の里」は天孫降臨《てんそんこうりん》に際し、まだ冥闇《めいあん》だった世界に、ニニギノミコトが天照大神から授けられた稲から籾種《もみだね》を蒔《ま》いたところ、たちまち日月が姿を現した、という故事にならっており、それは『日向国風土記』の記載だということを、私は前述の『神棲む森の思想』で知った。後藤宮司によると、古代においては「智舗」という地名は阿蘇山麓まで含む広大な土地を意味したそうだが、現在は、高千穂町のみがその名を伝えているという。

優しげだが、彫りの深いお顔立ちの後藤宮司が畳の上に座ると、周囲には平安時代の空気が漂《ただよ》いはじめた。後藤宮司の所作はすべてが様式美である。ただ座っていても後藤宮司は、「神のために舞っている」状態なのかもしれない。そのお顔、佇まいを眺めていれば、発生から少なくとも数千年たったとされる神道の舞には、近代的な宗教の定義を超えて、宗教心あるいは神の実在といったものを、人々に感じさせる力が働いていると思わざるをえない。

私たちは感動のまま、神社を後にした。その後、再び高千穂神社において夜神楽が舞われると聞き、A氏らと出かけたが、こちらはどちらかといえば観光用のもので、前回ほどの感動はなかった。昼間の翁は、面をつけずとも、その舞によって異界を現出させていたが、照明のせいだろうか、今回は、夜に舞われ面をつけていても、それは日常の延長にすぎなかった。

第三章　日向国・天安河原

岩戸川の渓谷

翌日、天岩戸神社へと向かった。高千穂から四皇子峰《しおうじがみね》のトンネルをくぐり、旧岩戸村方面へ向かうと景色は一変する。高千穂町は、昭和三十一年に岩戸村、田原《たばる》村、高千穂町が対等合併し、高千穂町となった。旧岩戸村に近づくと、山肌は緩やかな棚田で覆われており、梅雨時というのも相俟《あいま》って、周囲は霧が立ち込め、うっすらと霞む山々はネパールやブータンの亜高山帯を思わせた。くねくねと山肌に沿って道を進むと一際大きな鉄橋が見えた。旧高千穂鉄道の高千穂鉄橋である。宮崎県の延岡と高千穂の間、約50キロメートルをつなぐ鉄道であったが、九州一帯に大きな被害をもたらした平成十七年の台風十四号によって二つの橋梁が流され、復旧を断念。五年後に廃線となった。このバンジージャンプにちょうど良さそうな橋の上を、現在は、観光用のトロッコ列車が運行しているらしい。谷底には川が流れているようだが、谷が深すぎて流れは見えない。これが後に天岩戸へと向かう際に、徒渉《としょう》を繰り返した岩戸川で、いくつかの支流を集めて、やがて高千穂峡で有名な五ヶ瀬川《ごかせがわ》へと流れていく。

天岩戸神社に到着すると宮司に案内され、西本宮《にしほんぐう》の遥拝殿《ようはいでん》に立った。現在の宮司は佐藤《さとう》永周《えいしゅう》宮司である。佐藤家は現在で二十四代目。一代を約三十年とすると、鎌倉末期から南北朝時代くらいだろうか。それ以来、この西本宮を預かっている家系だという。佐藤宮司は、まだ三十代の若い宮司で、その厳かな肩書き「天岩戸神社第二十四代宮司」からは想像できない

爽やかで円《まろ》やかな笑顔の青年だった。後に親しくさせて頂くようになり、酒を酌《く》み交《か》わした際には、

「ここはとんでもない田舎ですからね。神様のことを考えるより、他にすることはありません」

とおっしゃった。神話の故郷で数百年も神職をしていた家系の人間は、二十一世紀になっても、そのように平然と言う。常日頃《つねひごろ》から、神のことを考え、神話とは何かを考え、神社をどのように継承していくか、それ以外には特に興味がない、とサラリと言う、まっすぐな人物である。


一同は改めて天岩戸神社のいわれを聞いた。西本宮は、天照大神がお隠れになったという神秘の洞窟「天岩戸」を御神体とし、岩戸川の谷を挟んだ反対側の東本宮《ひがしほんぐう》は、天照大神が岩戸を出られたあと、最初にお住まいになられた場所に鎮座しているという。現在は岩戸川に橋がかけられているが、それ以前、谷を越えることは容易ではなく、東本宮は別の神職家が代々、宮司を務めていたそうだが、数代前に途絶え、現在は、佐藤家が東本宮も兼務しているという。この日の遅くに東本宮にも参拝したが、当時の東本宮は、実は少し淋しげな雰囲気が漂っていた。それが数年後には一変するのだが、当時は忘れ去られた（といえば失礼だが）、参拝者が稀《まれ》な神社特有の乾燥した、秋のような気の漂う場だった。

祈りを捧げる佐藤永周宮司

Ａ氏の今回の目的は、西本宮で、花輪氏による献香献茶式を執り行うことである。いつものことで、なぜ、それを行うのか？　他人には言わない。梅雨時の当日はかなりの降雨で、広い境内で参拝者は私たちだけだった。式の前の、雨脚《あまあし》が一瞬やわらいだ時を狙って、佐藤宮司が、西本宮の御神体である天岩戸洞窟を遥拝する一角へ連れていってくださった。拝殿の裏へと、鍵のかかった木戸《きど》を開き、遥拝殿へと進んでいく。雨はやんだが、依然として霧が濃い。遥拝殿は、文字通り御神体である天岩戸洞窟を拝む社殿である。周辺を濃い植生《しょくせい》に囲まれたコンクリートの社殿は、岩戸川にむかって突き出たステージのようで、中央には賽銭箱《さいせんばこ》が置いてあった。おそらくその対岸に洞窟があるのだろう。というのも、周囲は濃い霧、深い植生に囲まれていて、岩戸を望むことは出来なかった。宮司は屋根を指差した。遥拝殿の屋根の垂木《たるき》が全て、ある一点を指しているが、その方向の延長線上に、岩戸があるのだという。

「見えますかね？」

と宮司が不安そうに尋ねる。果たして、私にはわからなかった。形だけでも拝礼する姿勢をとったが、岩戸があるとされる方角は、急斜面に雑木《ざつぼく》が生い茂り、蔦《つた》を含む多様な植生に覆われていた。私たちが皆、同じ方角を眺めているのかすらも怪《あや》しかった。

「ああ、あそこですかね？」

A氏が言ったが、私にはまるでわからなかった。本当だろうか？

宮司が続けていう。

「あそこに注連縄を張って差し上げたいと思っているんです。子供の頃からの夢なんですがね……、土建屋さんに頼んだのですが、辿りつくことも出来なかったんです……」

対岸までおよそ100メートル、谷底からおよそ80メートルの高さに洞窟の入り口がある。洞窟のある斜面は濃い樹木に覆われていて全体的な斜度は65度かそれ以上、部分的には垂直かオーバーハングしているようにも見える。おまけに下には梅雨時の増水した岩戸川の急流が流れている。私は、依頼を引き受けることになった土建屋さんを気の毒に思った。

「それでも、諦められずに、ことあるごとに参拝される方にお話ししていたんです。そしたら、Aさんが、是非、やりましょう、ということで」

A氏なら、言いそうなことだ。とりあえず、やると決める。その後は周りを巻き込んで、先へとどんどん進んでいく。夢か幻のようなプロジェクトでも外堀から既成事実を積み上げていって、いつの間にか本丸が着手されている。吉野の桜中茶会もそうで、周りのスタッフの苦労は絶えず、つねに大変そうだったが、私は幸運なことに彼のスタッフではなかった。

「Aさんからお聞きしたのですが、広田さんは山登りをされるそうですね？　あそこに注連縄をかけられませんかね？」

——え⁉　私がですか？

遥々東京から私が呼ばれるには、それなりの理由があるようだった。A氏は黙って宮司の話を聞いていたが、黙っている分、A氏の視線を強く感じた。まさか、断りませんよね？　という圧を感じる。いつもの流れだ。

——私一人じゃどうにもなりませんけど、知り合いにクライマーや登山家はたくさんいますので。なんとかなるかと……

安請《やすう》け合いとはこのことだろう。冷静に考えれば、「登山をしている＝断崖絶壁に注連縄をかけられる」という方程式は成り立たない。しかし、私は子供の頃から算数・数学が苦手で、単純な四則演算でも問題の残る人間だった。数学の成績も、常に1か「努力しましょう」だっ

夏越大祓の日の岩戸川

たことが、宮司とA氏に幸いしたようだった。A氏はすかさず言った。
――では、やってみましょう。具体的なことは広田さんと詰めていきますので。
――ほんとですか。いやー、ありがとうございます。まさか、ほんとにやってくださる方がいるとは。

A氏と宮司は、おそらく、こんな感じのことを話していたように思うが、実をいうと、この遥拝殿での会話は、途中から正確な記憶がない。いつの間にか話が決まっていて、夢の中での話のように思えるし、実際に霧がかかっていたので、幻だったのかもしれない。ただ、谷底を流れる岩戸川が、梅雨の増水で、ゴーゴーと音を増していたのだけは鮮明に覚えている。その日は六月三十日。神道でいう夏越大祓《なごしのおおはらえ》の日だ。

翌朝、私は起きると、天岩戸神社の境内にある天安河原《あまのやすかわら》と呼ばれる半洞窟状になった霊場へと一人、足を運んだ。天照大神が岩戸にお隠れになった後、八百万《やおよろず》の神々が集い、その後の方策を練ったと伝えられる場所である。昨日からの雨が幾分やわらぎ、あたりには霧がたちこめている。昨日は傘を差しながら宮司に連れられ、一同とともに案内して頂いた。後で知ったことだが、「この洞窟に石を積むと願いが叶うと言われています」というもっともらしいことが、観光パンフレットなどにも記載されている。あたりには無数の石が積み重ねられており、霧がたちこめる雰囲気は、天安河原というより賽《さい》の河原といった情景を漂わせ、積み上げられた石一つ一つに、何か人間の念のようなものが感じられた。小さな石に込められたそれぞれの願いは、一つ一つは小さな願いなのだろうが、それが集まると、暗く大きな重力を生み出している。

昨日、宮司はこの石を見て、

「この石たちも、台風の日の増水によって定期的に洗われ、流されていくのです。この鳥居も流されることもあるのですよ」と教えてくれた。


人々のささやかな願いも、欲も、信仰の証《あかし》も何もかもひっくるめて、洪水は無慈悲に洗い流していく。天安河原の石と、岩戸川の氾濫《はんらん》は、古の「ノアの方舟」の故事を、時間的、空間的なスケールを縮めて私たちに教えてくれているようにも思える。考えてみれば、日本人は年の折り返しの日にも、大祓の日という「洪水の日」を人工的に設け、知らず知らずのうちに積み重ねていた欲と業《ごう》の石を、洗い流している。

私は積み上げられた石の間に腰を降ろして、しばらく洞窟の鳥居を眺めていた。

よりによって、こんな年にやらなくても良いのに、

一人では出来るはずもない。チームを組まなければダメだ、

しかし、クライマーであれば、登るだけなら、なんとかなっても、登ったあと、どうやって注連縄をかけるのだろう、

そんなことに付き合ってくれる人がいるだろうか？

様々な想いが浮かんでは消えてゆく。

洞窟内に積み上げられた無数の石、その中心には、ダンテの『神曲』にでてくる「地獄の門」さながらに、大きな鳥居がそびえ立っている。

「この門をくぐる者は一切の希望を捨てよ」

鳥居は神域への入口のはずだが、コロナ禍を経て、世の中がつくづく馬鹿らしくなった今の

私の心境では、地獄の門のようにしか見えなかった。洞窟の奥は暗く、積み上げられた石が、欲望の果てに地獄に落とされた無数の魂のようにも見える。しかし、『神曲　地獄編』に描かれる阿鼻叫喚《あびきょうかん》の亡者《もうじゃ》どもとは異なり、石は言葉を発せず、闇の中で固定されている。

地獄の門に刻まれた銘文、一切の希望がない状態とは、どのような状態なのだろうか。輪廻《りんね》転生《てんしょう》によって地獄からの敗者復活が認められる仏教思想とは異なり、キリスト教の地獄とは、未来永劫《みらいえいごう》、そこから這《は》い上がれぬ境地である。千年以上に渡って仏教の輪廻思想に触れた私たち日本人は、良い意味でも、悪い意味でも、心のどこかで地獄に落とされても、転生すればなんとかなると思っている。あるいは、この妙な楽観主義は仏教渡来以前からの性質なのだろうか。そもそも、神道には地獄の概念がないのだから。天照大神が岩戸に隠れ、世界が闇に覆われた時でさえも、残された八百万の神々は、なんとかなると思っていたふしがある。その証拠に、神々は岩戸の前で酒盛りをし、踊りを踊って笑いこけ、最高神である天照大神をなかば騙《だま》すようにして、岩戸から連れ出した。世界に光が戻ったが、そこに深刻な反省は見られず、あるのは、楽観的な希望だった。

それに対して、キリスト教の地獄は、どうにもならない地獄である。この二つの異なる地獄

朝日の差し込む天安河原

は、どちらが真実に近いのだろうか。地獄に落ちても、なんとか、なるのだろうか。

いつの間にか出発の時間になった。洞窟の奥にあるお社に手を合わせて、立ち去ろうとすると、朝日があがり、ようやく洞窟内部にも光が差し込んできた。

その後、私たちは、天岩戸神社をあとにし、美々津《みみつ》浦へと南下した。天岩戸神社での献茶式が終わり九州での用事は済んだものの、A氏の計らいで、神武東征出立《しゅったつ》の地に詣《もう》でてから、そこから各自、家路につこうというのだ。私はレンタカーで、A氏と花輪氏は大阪と京都の自宅から運転してきた、それぞれ自家用車で移動した。運転中、私の頭はすでにプロジェクトのことでいっぱいだったはずだが、自分でも驚くことに、車窓からの景色は鮮明に覚えている。

神武天皇が東征に出発したという美々津浦の港には、立磐《たていわ》神社という小さな神社があり、境内には昭和十五年、皇紀《こうき》二千六百年を記念して建てられた「日本海軍発祥の地」という碑が立っていた。耳川の河口に港があって、小舟がたたずんでおり、舟のへさきには「はやと」という船名が描かれている。その舟を見たとき一枚の日本画が想起された。安田靫彦《やすだゆきひこ》の「神武天皇日向《ひうが》御進発」。文字通り、美々津浦から遥か大和を目指して出航される神武天皇御一行を描いた作品である。現在は、歌舞伎座に掲げられている大型作品だが、私が見たのは前述の執行草舟コレクションであるこの絵の下絵だった。下絵には東征を支えた益荒男《ますらお》たちの顔のディテールは未だ描かれておらず、空白になっていた。後に、筑波《つくば》大学名誉教授の竹本忠雄先生が、この下絵の解説を書かれており、私はそれを読んでさらに感動した記憶がある。

「この絵で、真の主役は描かれていない天照大神である。迫《せ》り上がった船の舳《へさき》に高々と掲げられた大鏡にシンボライズされた――。（中略）水を切る勇壮な櫂《かい》の音が聞こえる。太陽の光子エネルギーを受け、御座船は永久に我らの胸を過《よぎ》っていく」（『ARTIS』19号／戸嶋靖昌記念館発行）

ここから出発した御座船を動かす実際の動力は、神武東征に従軍した益荒男たちの漕《こ》ぐ櫂の力である。だが、その益荒男を動かす力、ひいては神武天皇を東征へとつき動かした根源のエネルギー（それは舳先に掲げられた八咫鏡《やたかがみ》によって受信された）について、竹本忠雄先生は、それを科学的には「太陽の光子エネルギー」、そして神話的には天地根源の「稜威の霊《いつち》」という表現で記している。一つの国を作る根源のエネルギー。しかも、それは二千年以上に亘ってなおも持続している。

美々津浦

梅雨空に雲は低くたれこめていて、雨がしとしとと降り始めている。私たちは、耳川のほとりで解散となった。

「広田さん、お疲れ様でした。この後も頼みますよ。早急に調査チームを結成してください。梅雨が明け次第、プロジェクトをすすめましょう」

A氏はいつものように仕立ての良いスーツを着ていたが、濃く深い森に覆われた耳川の背景と、A氏の服装がマッチしていない。私はしっかりと返事をしたが、どことなく、A氏の姿に現実感がなかった。

解散後、私は一人で、再び立磐神社に戻った。例の安田靫彦の日本画が好きで眺めていたせいだろうか。耳川も、そこから眺める海の景色も、初めて来た場所にしては懐かしい感じがする。参拝のため鈴を鳴らそうと思い、鈴紐を手にとると、そこには「奉納・廣田某」と刻まれていた。

第四章　豊前国　英彦山《ひこさん》

天岩戸洞窟に注連縄をかける。

Ａ氏からの依頼は、おおまかに分けて三つあった。まず、第一に天岩戸に注連縄をかけること。第二に宮司、Ａ氏、その他数名のスタッフを天岩戸にお連れすること。第三に、その一部始終を記録すること。以上である。遥拝殿からは目と鼻の先、わずか１００メートルほどの距離にあるが、そこは人跡未踏《じんせきみとう》、ながらく禁足地《きんそくち》であった場所。上から降りるのか、下から登るのか？　宮司に聞いても、アプローチの手段がわからない。

とりあえず、私が記録を行うとなると、一人では無理な仕事である。仲間が必要だ。

幸い、山男の知り合いにはことかかない。とはいえ、真っ先に頭に思い浮かんだのは女性だった。富士山の麓、富士吉田市在住の登山ガイドの友人、林智加子。彼女を選んだ理由は単純で、太陽のように明るい性格で、自分の屋号にはSoleil（フランス語で「太陽」の意）とつけてしまうような人だからだ。天照大神を太陽神であるからという理由だけで、日頃から崇敬し、富士山でご来光《らいこう》を拝むために、登山ガイドになったような人だ。冬は、スキーパトロールとして、世界各地のスキー場で仕事をした経験をもち、爆薬を使って人工的に雪崩を管理するリスクマネジメントの専門家として、日本有数のキャリアをもつエキスパートである。

彼女はリスクマネジメントの専門家である前に、非常に研《と》ぎ澄まされた（もはや霊感と言って差し支えないような）危険に対する直感的な察知《さっち》能力をもっている。例えば、以前、彼女が山で偶然、ある知人と会い、二言三言会話を交わした時の話だ。その時の会話から、彼女はその知人の言動に非常に危険なものを感じ、山での行動に大きな不安を感じたというが、翌週、その知人は残念なことに、その近くの山で遭難し亡くなってしまった。会話をした際に、彼女はその知人に忠告をしたかどうかはわからない。また、それを指摘したからといって、すぐに行動が改まるとも限らない（この件に限らず、山の魅力に取り憑《つ》かれた人間が、危険に向かってひた走る様を見ても、本質的に他人はそれを止めることは出来ないのだ）。しかし、彼女はリスクマネジメントの講習会で、膨大な数の受講生と接し、ちょっとした発言やささいな態度から、事故に巻き込まれやすい人間の特徴といったものを冷静に捉えているのだろう。昭和の天才的整体師・野口晴哉《のぐちはるちか》は、整体師や治療家というものは、患者が部屋に入ってきて、目の前に着席する間の数秒間で、唇や肌の色、歩き方の癖《くせ》やその他、常人にはわからない微細な癖を観察し、その患者が抱える問題が何か判断できなければ、治療家として失格であると言っていたそうだが、林はそこまでの域ではないとしても、通常の山岳ガイドが察知できる範囲を超えた、研ぎ澄まされた危機察知能力をもっているように私は思う。天岩戸洞窟は、前人未到であり、ながらく禁足地として人間が立ち入ることを許されなかった場所である。何か、人智を超えた異常な現象(それが何であるか、全く想像がつかないため、こういう表現しか出来ないのだが)が起こった場合、彼女がいち早くそれを捉え、教えてくれるのではないか、という期待があった。

美々津浦でA氏と別れた私は、そのまま来た道を高千穂へと戻ったが、最初に出てきた路側帯に車を停めて林智加子に電話をすると、普段は山にいて電話にでない彼女に珍しくつながった。彼女はいつ電話しても、夜遅くに電話しても、「どーもー!」と明るい、朝日のような挨拶が返ってくる人だ。今回の一件を話すと、ちょうど八月末にまとまった仕事がキャンセルになり、スケジュールが空いているとのことだった。

「高千穂で天照大神関係の仕事があるんですが、いかがです?」

登山ガイドの林智加子

という問いかけに対し、彼女は、
「なんですか、それは⁉ 行きたいに決まってるじゃないですか！」
と即答した。これが彼女の直感なのかもしれない。これでメンバーのうち一人は決まった。詳細はメールで、とだけ伝え、電話を切った。我ながら素っ気ない電話だと思うが、長年の山仲間であるので、ひとまずは、それだけで十分だ。

残るはあと二人。バランスからいっても次の二人は男性で、かつ、山のエキスパートが望ましい。しかも、ただ登山技術が素晴らしいだけでなく、宗教上の聖地において、その場の厳かさを損なわずに行動できる人物、そして、ならずものの山男ではなく、社会的なバランス感覚をもった人物、つまり「ジェントルマン」であることが求められた。こういう人物のことを、日本語では何と表現するのだろう。

次に思い浮かんだのは、山岳ガイドの天野和明だった。天野和明は「登山界の東大理Ⅲ」ともいうべき明治大学山岳部出身のアルピニストで、ヒマラヤの８０００メートル峰に多数登頂し、その後はアルパイン・スタイルと呼ばれる少人数の先鋭的な登山スタイルで、ヒマラヤの未踏ルートにチャレンジし、二〇〇八年には、登山界のアカデミー賞と呼ばれるフランスのピオレドオール賞を日本人で初めて受賞した男である。

私のような市民ランナーレベルの登山者にとっては憧れの存在、雲の上の存在だが、幸い私は、二十代の頃に行っていた富士登山ガイドで同期のよしみで、山ではなくて、街での気軽な付き合いをさせてもらっていた。また、高千穂にくる数週間前に、彼は某公共放送で放送される奈良吉野、大峰山千日回峰行《せんにちかいほうぎょう》を達成した塩沼大阿闍梨《しおぬまだいあじゃり》を取材する番組クルーの安全管理の仕事を担当することになり、私も撮影補助の仕事に誘ってくれていた。残念ながらコロナ禍の真っ只中ということで、全体人数を最小限に絞ることになり、彼が一人でその仕事を担当することになった。普段はヒマラヤで最先端のクライミングを行う彼だが、もともと寡黙な男であり、なにしろ山の世界では最も厳しい修行の一つともいえる明治大学山岳部のトレーニングをくぐりぬけてきた男なので、修験者の背中を追い、吉野の霊峰をひたすら歩き続ける姿は容易に想像できた。なぜだかわからないが、吉野大峰の天嶮《てんけん》を違和感なく歩く姿が想像できる人物であれば、その人物は天岩戸洞窟に入っても、大きな問題はなさそうに思われた。

「明治大学山岳部では、軽量化は一切考えない。肉体的負荷を金銭で補うことは勧められない。若者は他にすることがある。楽をするな」

これはある山岳雑誌に投稿された天野和明の言葉である。技術の進歩により、あらゆる登山道具が軽量化され、人々はこぞって軽量な道具を求める一方、肝心の肉体トレーニングを疎かにする人々が多い。そういった風潮への戒めの言葉である。これを精神主義と笑うことは出来ない。山において最後に頼むものは、自らの肉体と精神なのだから。さらに、これがヒゲモジャの山男から発せられた言葉なら分かるが、本人の外見はいたってスマートであり、モダンな風貌だから、なお面白い。

私はまたすぐに電話をかけたが、彼は山にいるらしくつながらなかったため、メッセンジャーでその旨を伝えた。後日ほどなくして、要件のみを伝える短い返信がきて、彼の参加が決まった。山男との、山への誘いのやりとりは、このようにとてもシンプルで、興味があれば即レスが来るし、興味のない山行にはいつまで待っても返信がこない。残るはあと一人だ。誰が相応しいのだろうか。

私はそのまま大分県の英彦山登山へと向かった。アウトドア雑誌で連載している日本の信仰の山を訪ねる「神様百名山を旅する」という企画の取材だった。この取材を始めてかれこれ十年になる。そのテーマは、日本の山岳信仰で、いわゆる霊山と呼ばれる山々を紹介する。深田久弥による元祖『日本百名山』は有名だが、名山の条件の一つとして、標高1500メートル以上（例外あり）をあげている。これはつまり、登山というレクリエーションの観点、西洋的なレジャーとしての登山を対象としているためだ。日本神話や記紀に登場する山は、いわゆる低山がほとんどのため、私たちの父祖が大切にしてきた山々は、残念ながら、ほぼすべて除外されてしまっている。そのため、日本的な感性による名山、つまり霊山という観点で日本の山を見直したいという思いから、私はこの取材を始めた。初めの数年は月一の取材で年に十二座を紹介し、およそ八年で百座すべてを紹介するつもりでいたのだが、途中から雑誌が隔月発行になり、この時点でまだ六十数座の紹介だった。

英彦山は九州きっての修験道の山として知られているが、私がこの山のことを知ったのは、戦前の心理学者・歴史研究者である大伴茂による『天皇と山伏』という本である。幕末の頃、英彦山は徳川譜代《ふだい》の小笠原藩領であったが、尊攘《そんじょう》派の牙城《がじょう》ともいわれ、英彦山山伏の多くが、志士たちと同様に、国事に奔走したという。我が国において歴史的に天皇という存在は独自の軍事力をもってこなかった。例外的には、天孫降臨以来、天皇の親兵《しんぺい》として活躍してきた大伴《おおとも》氏や物部《もののべ》氏、中世における北面《ほくめん》の武士、明治期の近衛《このえ》師団などがあるが、いずれも宮城《きゅうじょう》の警護が目的であり、権力の担保としての軍事力ではない。しかし、大伴茂の説によると、歴史的に、大化の改新、建武中興、そして明治維新など、皇室に危機が訪れた際には、役小角《えんのおづの》以来の修験道の行者たちが、山をおりて皇軍としての役割を独自に担《にな》ってきたという。

史実としては、建武中興において、後醍醐天皇は修験道の総本山である吉野山を拠点とされ、忠臣・楠木正成も、金剛山を拠点とする葛城《かつらぎ》修験や、真言宗系の当山派《とうざんは》修験のネットワークを活用し、千早赤坂《ちはやあかさか》の戦いを有利にすすめたことが知られている。その後の南北朝の動乱も、元をただせば土地争いに端を発しているが、山伏は元々、土地から自由だった。

そして時代が下り、明治維新においては英彦山の勤王《きんのう》の修験者たちが活躍した。関門《かんもん》海峡を挟んで長州《ちょうしゅう》藩と連携し、八月十八日の政変による七卿《しちきょう》落ちにあたっては、三条実美《さんじょうさねとみ》のもとに英彦山修験の山伏が派遣された。当時の英彦山の座主《ざす》は、三条実美とも縁戚関係にあったこともその理由だろうが、明治という近代を目前にして、怪しげな山伏たちが活躍したという事実は、とても興味深く、また同じく山を志す私としても、何だか嬉しい。

しかし、英彦山修験の悲劇は、王政復古の理想のために、国事に奔走した多くの志士たちと同様に、新国家の急進的な近代化と欧化政策によって、その理想が裏切られ、自らの拠り所であった修験道そのものが否定されたことだろう。武士たちに振りかざされた鉄槌が、廃刀令と断髪令であったが、山伏が拠ってたつ大地を破壊した激震が神仏分離令であり、その余波として廃仏毀釈《はいぶつきしゃく》という大津波が襲った。修験道にとって本来、敬うべき神と仏は、家族のように一体であったが、分離令によって父と母は引き裂かれ、子である山伏は近代社会へと里子に出されるようなものだった。

英彦山に限らず、全国の修験の山を旅すると、顔を削《そ》がれ、中には無惨にも首を切られた石仏を見かけることがある。私たち日本人は、シルクロードの仏教遺跡が異教徒によって破壊されたさまを見て嘆くが、日本人が、日本の仏像に対しても、同じような蛮行《ばんこう》を行っていたことを忘れている。これら首のない石仏を見た現代の日本人が、当時の廃仏毀釈を語る場合、当時の明治政府を批判する文脈になることが多い。政府が神道を国教化し、仏教を排斥したので、奈良興福寺《こうふくじ》の五重塔《ごじゅうのとう》が二十五円で売りに出され、なおも買い手がつかなかったという話だ。

私はこの廃仏毀釈について一時期調べたことがあるが、なぜ、あそこまで徹底的に仏教が弾圧され、仏像が破壊されたのか、いまいちその原因がわからなかった。当時の太政官《だじょうかん》の布告を額面どおりに受け取れば、神道を国教とすること、また神道と仏教を区別することであり、仏教の排斥自体が目的ではないことは分かる。その証拠に、神仏判然令が出た翌月の慶應四年四月十日には、太政官から、行き過ぎた仏教の排斥、仏像の破壊を戒める布告を出している。

当時、仏教が必要以上に排斥された理由は、江戸期を通じては逆に仏教や僧侶が優遇され、神道や神職が冷遇されてきた反動ともとれる。江戸期の寺院は、葬式などの宗教行事だけでなく、幕府の作った寺請制度によって、戸籍管理までも任されていた。全ての住民がいずれかの寺院の檀家になることによって、間接的に住民の管理が行なわれていたので、庶民にとって、寺は今でいうお役所のような感覚だったのかもしれない。例えば、私の世代で馴染みの深い『まんが日本昔ばなし』には、毎回ずる賢い和尚さんや、まれに知恵のある和尚さんが登場するが、神主さんが登場する回は見たことがなく、庶民にとっても、良くも悪くも仏教のほうが縁は深かったのだろう。また、あれだけの仏教排斥運動が起こったのに、それに対する反乱が起こらなかったのも不思議だ。不平士族と言われたように、武士たちは廃刀令や断髪令などに対し、命を賭して対抗したが、仏の首を切ろうとするものたちに対して、仏教徒の反乱というのは起こった形跡がない。戦国時代の信長の比叡山焼き討ちに対する衆徒の反応とはうって変わり、江戸期を通じて、一部の優れた禅僧を除き、仏教者は与えられた地位に甘んじてしまっていたのだろうか。神仏判然令に対して、僧侶は還俗するか、前述の奈良の興福寺の僧侶たちのように、あっさり神職に鞍替《くらが》えしてしまった。そのような状況の中、全国津々浦々、仏像の首を切って歩いたものは一体、誰なのか？

この答えがおぼろげにも、私に浮かんできたのは、今回のコロナの過度の自粛騒ぎである。日本各地で「自粛警察」と呼ばれる善意の市民たちが、政府の自粛要請を拡大解釈し、それに従わない店舗や個人商店に対して、私的に制裁を加えた。国が始まって以来、あるいは縄文時代以来、続いていたかもしれない各地の祭も途絶えた。私たちの登山のコミュニティにおいても、同様のことが起こった。本来は登山者の権利を守るべき山岳団体が率先して一律の登山の自粛要請を出し、どのような法律に基づいてか知らないが、登山道を閉鎖する自治体が現れ、戦争中でも続けられた登山の歴史は、ここに途絶えた。これらはすべて、上からの強制ではなく、一般の市民によって行われた。

これを見て思ったのは、廃仏毀釈の運動に加わりそれを拡大させたのも、当時の名もなき民衆ではなかったか？　今回のコロナ自粛と同じく、時代の雰囲気というものは、その時が過ぎてしまえば、検証そのものが難しい。後年、フェノロサや岡倉天心《おかくらてんしん》の必死の仏教美術保護運動に目を覚まされ、一般市民が、自らが無意識に犯した罪を自覚した時にはすでに遅く、多くの仏像が燃やされ、破壊され、美術品は二束三文《にそくさんもん》で海外に流出してしまっていた。私たちはこれを笑えない。なぜなら、今度はコロナ期間中に、文明そのものを破壊してしまったのだから。

現在、英彦山を登る多くの人は、スロープカーと呼ばれるモノレールを利用して英彦山神宮の奉幣殿《ほうへいでん》まで上がり、登山を始める。しかし、古の登拝道《とうはいどう》には、かつて九州きっての修験の山として栄えた遺構が今も残っていて、その人気のない古い石畳の道を登っていくと、山伏たちが響かせる法螺貝の音がどこからともなく聞こえてくる気がする。登拝道の最初には、寛永年間に佐賀藩主の鍋島勝茂《なべしまかつしげ》が寄進《きしん》した高さ7メートル、柱の周囲が3メートルにも及ぶ青銅製の鳥居が遺されている。英彦山神宮の巨大な奉幣殿も、もとは天台宗の寺院の霊仙寺《れいせんじ》であった頃の講堂である。元和《げんな》二年、細川忠興《ほそかわただおき》によって再建された伽藍《がらん》は重厚で、かつて英彦山大権現と呼ばれた頃の壮麗さを今に伝えている。

それにしても「権現」という神号は素晴らしい。権とは「かりそめ」という意味があり、また正に対して、副《そえ》という意味もある。仏ないし神が、仮の姿をとって現れる。いかにも日本的で、両者は重なり合うようにして現れ、どちらにも角がたたない、神仏習合《しんぶつしゅうごう》の偉大な発明ではないだろうか。徳川家康が亡くなったあとの神号を「明神」にすべきか「権現」にすべきか、

英彦山銅鳥居

英彦山表参道

議論があったことは有名だが、権現号は、どちらかというと山の神に多い印象がある。蔵王《ざおう》権現、白山《はくさん》権現、愛宕《あたご》権現といった具合に。富士山については、富士権現という神号があったがあまり普及せず、浅間大明神《せんげんだいみょうじん》、浅間大菩薩《せんげんだいぼさつ》などの神号、仏号が普及した。おそらく、浅間権現〈せんげんごんげん〉では語呂《ごろ》も悪く、呼びづらかったのが原因だろうか。

同様に、近世以前の日本では、神々の名を古事記や日本書紀に記載される単独の名前で呼ぶことは少なく、神社の名前を冠した明神号《みょうじんごう》（神田明神《かんだみょうじん》、諏訪大明神《すわだいみょうじん》）などか、前述のように山名や土地名を冠した権現号《ごんげんごう》（蔵王権現、白山権現）で呼ばれることが多かった。これら、明神や権現は、複数の神や仏の総称であることが多い。

私は登山ガイドの仕事がら、神社や神様好きなゲストを案内することが多いのだが、現在は逆に「○○神社の神様は、実は□□神らしいですね」などといったように、神社や神様を分析的に細分化して捉える人が多く、人々の興味も個別の神様とその御神徳に集中している気がする。これは推測に過ぎないが、もともと大家族主義であった日本の社会が、戦後の核家族化、そしてさらには個人主義へと進むにつれ、人々の興味も細分化、個別化されていったこととの影響ではないだろうか。家族も神も、もとは一体だったものが、時代によって細く砕かれていき、私たちは物事を全体で、パッケージで捉えることが出来なくなっている。

ところで、天岩戸への調査隊を組むにあたって、残る一人は誰が相応しいのだろう。英彦山を登りながら、私は山の友人や知人の顔を一人ひとり思い浮かべた。というと、多くの人間を思い浮かべたように聞こえるが、実際にはそれほど多くはない。技術的に優れているクライマーや登山家であったとしても、繰り返しになるが、誰でも良い訳ではないからだ。

なぜかというと、平成二十四年に起こった熊野那智大社《くまのなちたいしゃ》の御神体、那智の滝をクライマーが登った事件が私の頭には常にあった。この事件は、三人のクライマーが、神域として立入禁止になっていた熊野那智大社別宮の飛瀧《ひろう》神社の御神体、那智の滝を日中に登り、通報を受けた警察官から指導を受けてクライミングを中止し、滝から下降した一件である。そのまま軽犯罪法違反及び礼拝所不敬罪の容疑で現行犯逮捕された一件だ。当時、事件は大きな反響を呼び、当然だが神社や氏子《うじこ》から怒りの声があがり、それにともない、クライマーはスポンサー契約を解除されたり、また、勤務先を解雇されたりと社会的な制裁をうけた。最終的には三人の謝罪を宮司が受け入れた形となり、事件自体も起訴猶予処分となった。

しかし、私は事件そのものよりも、その後の経過に衝撃をうけた。登山界全体としてのこの事件が投じた「なぜ聖域を登ってはいけないのか？」といった議論が深まらず、結局、私有地で、しかも立入禁止区域でクライミングを行うことは、軽犯罪法違反だから、という法律論で終わってしまったからだ。さらにはその後、反省し謝罪したクライマーのうちの一人がその体験談を本に書き、著名な小説家が書評を書き、大きな反響を得ていた。中でも、その本の最後に冒険家の角幡唯介氏が書いた解説の内容を、私はどうしても忘れることが出来ない。

「登山の本質は、管理された社会のモラルとはどうしても齟齬《そご》をきたす」（宮城公博『外道クライマー』「解説」角幡唯介）

角幡氏は、登山という行為が抱える「反社会性」また、それによって担保される本質的な「自由」について書いていた。それについては私も同感である。何しろ、私たち日本の登山者の祖先は、そもそも山伏であり、彼らこそ社会から逸脱した人間集団の代表である。それに加え、現代では登山に限らず、私も好きなアウトドア・スポーツ、特に、スノーボード、サーフィンなどがもっているヒッピー文化、カウンターカルチャーとしての要素もある。自由と危険は紙一重《かみひとえ》だし、それを求めるものは、それが革命であれ、スポーツであれ、芸術表現であれ、社会のモラルやルールと齟齬をきたす。

「もちろん法的には犯罪者だ。しかし、登山的な倫理から言うと、どうなのだろう。登りたいから登る。誰も登ってないから登る。そこに自由がある。この道徳律は登山的観点からすると完璧で、一分のスキもない。おそらく彼らの行為を知ったとき、内心共感した登攀者は多かったはずだ」（前掲書）

恐れずに本音を書く角幡氏と、実際に那智の滝に挑戦したクライマーに、私は大きな衝撃を受けた。善悪は別として、どちらも、凡人に出来る行為ではない。しかし、しかしだ。そうはいっても、「那智の滝事件」は、どうしても拭い去れないバツの悪さが残る。なぜだろうか。

「この登攀は、社会的に断罪され、クライミングとしても失敗したが、表現としては成功した」（前掲書）

角幡氏はこのようにも書いている。しかし、事実として神社はその神域を穢《けが》され、氏子は信仰を、宮司は名誉を傷つけられ、逆に加害者も社会的な制裁を受けた。みんなが大きな傷を負った挙句、そこから導き出された教訓は何もない。さらには謝罪したはずのクライマーの一人が、その体験を売り物にしている。自由を求める行為にしては、あまりにも後味が悪過ぎるし、筋が通っていない。

これは好き嫌いの問題なのだろうか。好き嫌いの意味でいうなら、「表現」と呼ばれる行為は、私はおしなべて、好きではない。話は少し飛んでしまうが、例えば、あいちトリエンナーレの「表現の不自由展」において、昭和天皇と見られる肖像画を燃やした「表現」があった。確かに、倫理観は別として、成功とか不成功とかいう尺度で表現を測るなら、作者や主催者からすれば「成功」だったのかもしれない。作品のもつ芸術的価値は別にして、その「表現」のもつ政治性、メッセージ性だけは一人歩きし、大きな反響を生んだからだ。しかし、この件も、どうにもならないほど、後味が悪い。

今、世の中は「表現」に溢れている。この表現者の始祖は一般的にはフランスのマルセル・デュシャンと言われている。デュシャンは一九一七年に「泉」と名付けられた便器をオブジェにした作品を発表し名声を得、現代アートの創始者と呼ばれるに至った。デュシャンは「観念としての芸術」を提唱し、目で見える美しさのみによって成り立つ芸術を批判し、観念や思考によって物を捉えていく過程そのものを、新しい芸術表現とした。「観念としての芸術」とは、簡単にいうと「この作品は、どこが優れているのでしょう?」という質問が生まれるような作品かもしれない。それはシュルレアリスムやキュビズムとも異なり、新鮮な感動、あるいは戦慄など、無条件の身体的な情動を呼び起こさせない。現代のコンセプチュアル・アートへとも繋がる、どちらかというと「頭でっかちな」作品とも言える。

しかし、デュシャン以降、ここまで表現者が氾濫する世相をみると思うのだが、どうも、人が「表現」という言葉を使うとき、多くの場合は、その表現が失敗した時ではないだろうか。本質的な部分が表現できなかったため、「私はそこを表現したかった」などと言葉や観念、つまり左脳で行為を補完するのだろう。一流の芸術家、舞踊家、音楽家の作品は、そもそも脳内で生まれるものではない。それは表現という言葉を遠くに置き去りにして、見るものに圧倒的な感動を与え、作品そのものが生命をもつ。

話は大きく逸脱してしまったが、那智の滝登攀とあいちトリエンナーレの一件は、信仰や芸術の本質を考える上でも、大きな問いとなった。とは言っても、これらの表現を批判するだけでは仕方がない。私は私で、別の価値を示す必要がある。

そんなことを考えながら、私は英彦山を登り始めた。おかげで、歩き始めた当初、いくつかの史跡を見過ごし、写真を取りそこねてしまった。しかし、どんな山でもそうだが、三十分も歩いていると、自然と無心になり、うって代わって様々な景色が目に飛び込んでくる。この状態を、カナダ人の古い山の友人が、「自然にログインする」と表現したのを覚えている。山の下部には、大きな社《やしろ》や史跡が点在していたが、登るにつれて社や祠《ほこら》は少なくなり、信仰や歴史、いわゆる人間の文化が、自然に同化していく印象をうけた。おそらく、信仰の衰えに従って、かつての栄えた社や坊を管理するのが難しくなり、麓から遠い、山の頂《いただき》に近いほうは、手入れも行き届かなくなってくるのだろう。英彦山に限らず、多くの霊山では、かつて山頂にあった信仰の拠点が、時代を下るに従って麓に降りてくるケースがみられる。文明が発達するに従って、信仰が薄れ、最終的には人間の生活圏内へと神は引きずり降ろされてしまう。

そんな中でも英彦山は、かつての信仰の遺構がまだ山内に残っているほうかもしれない。しかし、これらも時間の問題だろうか。熱心な崇敬者から見れば忍びないだろうが、最終的には自然へと、土へと帰化していく過程にある遺構は、滅びゆく美というのか、それはそれで趣きがある。時間とは、物質が崩壊していく過程を言うそうだが、英彦山の表参道全体が、時間の

英彦山山頂直下。草生す参道

英彦山がらがら

概念を考えるかっこうの「道」なのかもしれない。

狭い山頂には、幕末屈指の名君として知られる佐賀藩主の鍋島閑叟《なべしまかんそう》が建てた英彦山神宮上宮《じょうぐう》の社殿があるが、私が訪れた令和二年当時、柱が朽ち、全体がすでに傾きかけ、放っておけば倒壊は時間の問題と思われた。

鍋島閑叟が社殿を建てた天保《てんぽう》年間は、内には大飢饉や打ちこわし、大塩平八郎の乱が起こり、外にはアヘン戦争に前後して、日本近海に頻繁に異国船が出没し、およそ二百年続いた平和への信頼が揺るぎつつある時代だった。平和が揺らぐ時、かえって英彦山を支える信仰は強まり、山伏たちの魂は燃えあがっていたことだろう。現在のようにヘリコプターどころか麓へと連なる道路もない時代に、標高1300メートルの山頂にあれほど巨大な社を建てさせたことが、それを証明している（この原稿を書き進めている際に、改めて英彦山について調べていると、令和四年七月から総工費七億円をかけて英彦山神宮上宮を改修することが決まったというニュースを読んだ。日本の山岳信仰は、そう簡単に途絶えるものでないのかもしれない）。

◇

そう思いながら、頂を踏み、いたく満ち足りた気分で登山道をくだって、奉幣殿で御礼参りをすませた。初めての山を登るといつも思うことだが、下山がひどく長く感じる。運動エネルギーとしては、重力に逆らう登りのほうが大きいはずなのだが、無心で登っているからだろうか、時間はあっという間に感じる。しかし、一度知ってしまった道を下山する時ほど長く感じるものはない。山では物理法則で言われるように、時間の流れは一定ではないのだ。

奉幣殿より下、古の参道沿いには、茶店や土産物店が並んでおり、私はその一つに立ち寄った。英彦山名物の英彦山がらがらという魔除《まよ》けの土鈴《どれい》を買うためだった。英彦山がらがらは、文武《もんむ》天皇が干ばつが続いた後に、恵みの雨をもたらした英彦山の神へと鈴を奉納したのが由来とされている。土で作られた赤と青の素朴な配色の鈴は、独特のこもった音がして、なぜか縄文の響きを感じさせた。手作りのためか、一つ一つ微妙に音が異なり、一番良い音のする鈴を買おうと思って、ガラガラと耳をあてていると、さきほどまで店の常連さんと世間話に興《きょう》じていた店主らしきお婆さんが、話を止めて私に話しかけてきた。

「お兄さん、この山の神様は、天照大神の子供なんだよ。日の神様の子だから日子山《ひこさん》っていうんだ。知ってるかい」

事前に調べた英彦山の情報にも、当然ながら載っていた話だが、改めて地元の方から話を聞くと新鮮だった。知ってます、とは答えずに、そうなんですね、と私は興味ないフリをして、がらがらを探し続けたが、なおも私を見続けるお婆さんの視線を感じ続けた。

中世以来、英彦山三所《さんしょ》権現と呼ばれた神の正体は、天照大神とスサノヲの誓約《うけい》によって生まれたとされる天忍穂耳命《あまのおしほみみのみこと》だそうだ。『古事記』に記載される天照大神とスサノヲの誓約。お婆さんは、天照大神の子と呼んだが、誓約において、スサノヲは天忍穂耳命を始めとする五柱の男神を生み、天照大神は宗像三神《むなかたさんしん》など女神を生んだとされている。そして天照大神の「詔り別《のわ》け」により、天忍穂耳命ら五柱の神は天照大神の子となった。

これください、と私は小ぶりだが、しっかりとした音色のがらがらを見つけて、お会計をした。その頃には、お婆さんは常連との話に戻っており、先程の話は忘れているようだった。小さな土鈴を、カラカラと鳴らしながら、苔むした参道をくだっていく。下山した私は、そのまま駐車場につき、車内にあった飲みかけの、コンビニで買ったコーヒーを飲みながら、スマホから仕事のメールをチェックした。ランダムな広告メールに混じって、登録してあるメールマガジンから一通のメールが送られてきていた。

「竹内洋岳・妄想エベレスト登山」

竹内洋岳。日本人で初めて、エベレストを始めとする８０００メートル峰十四座を完登した男。日本を代表するプロの登山家だ。

竹内さんには、ここ数年来、私は月に一度は仕事の関係でお世話になっていた。確か、今ごろはエベレストに行っているはずではなかっただろうか。今年、日本人がエベレストに初登頂して五十周年の年で、冒険家の植村直己が登頂した五月十一日に合わせてエベレストに登頂し、改めて五十周年を祝うきっかけにしよう、と計画をしていた。しかし、それもどうやらコロナで中止になったようだ。

プロ登山家・竹内洋岳

そうか、竹内さんがいたじゃないか。なぜ、思い出さなかったのだろう。エベレスト遠征が中止になれば、三か月はスケジュールが空くかもしれない。その期間であれば、天岩戸調査が可能だろう。しかし、日本を代表するプロ登山家、ヒマラヤの巨人、竹内洋岳が、このような誘いにのってくれるだろうか？　私はその場でA氏に電話をかけ、まずは金銭的な問題も含めて竹内さんに依頼することが、可能かどうか確認をとった。

私はA氏に、竹内さんの経歴、人となりを伝え、英彦山から下山後にすぐこの人選を思いついたことを伝えた。

「ああ、それは素戔嗚尊《すさのおのみこと》からのお告《つ》げかもしれませんね」

A氏はまたまた不可解なことを言った。

「英彦山三所権現とはつまり、素戔嗚尊のことなのですよ」

私は電話をしながらネットで「英彦山三所権現」と検索してみると、一般的には次のように言われているらしかった。三所とは阿弥陀如来《あみだにょらい》を本地《ほんじ》とした主祭神の天忍穂耳命、そして南岳の伊弉諾命《いざなぎのみこと》、中岳の伊邪那美命《いざなみのみこと》とする説である。素戔嗚尊とはどこにも書かれていない。A氏にはあえて反論せずに、「そうなんですね。では、そのようにさせて頂きます」とだけ伝え電話を切った。

素戔嗚尊か。たしかに竹内さんの風貌《ふうぼう》は、どことなく素戔嗚尊を感じさせる。長髪で、ざっくばらん。アウトドア雑誌で連載している私の企画に、いつも山や神様のイラストを書いてもらっている大野舞さんという絵描きがいる。大野さんは吉本ばななの小説の挿絵を担当し、また「日本の神様カード」というタロットカードの日本版のようなカードに四十八柱の神様のイラストを書いている。そのカードに描かれる素戔嗚尊は、竹内さんのイメージにピッタリだった。ただし、竹内さんがこの件を引き受けてくれるかどうかは別の話だ。そもそも忙しい方だし、竹内さんに限らず、山男はその冒険に魅力を感じなければ、恐ろしいほど素っ気ないものだ。どのように話をもちかけようか。次回の仕事の打ち合わせの際に、ひとまず話を切り出してみるしかない。

第五章　甲斐国　富士山

東京に戻ってからすぐに、山岳ガイドの天野和明と連絡がとれた。これからしばらく、本題の高千穂、天岩戸から離れて、天野和明と富士山の話になる。

甲州生まれ、甲州育ち、誕生日は二月二十三日の「富士山の日」という彼と知り合ったのも富士山の上だった。後に、高千穂を訪ねたおりに、私たちは富士山と高千穂との不思議な縁を知ることになるのだが、それはまだ先の話だ。これから私たちを待ち受けている出来事、洋風にいえば運命であり、和風にいえば縁というものも、富士山を通る道の上で生まれたのだった。

天野和明と知り合ったのは、今から二十年ほど前。私は夏の二か月間だけ、富士山の上に住んでいた。当時、私は山の仕事を通して、一年間、生活できないかと模索しており、夏は富士

富士山

登山のガイドをし、春秋は山岳カメラマンの仕事、冬はバックカントリースキーのガイドをして、なんとか生活をしていた。富士山は登山シーズンが夏場に限られているため、ガイドの仕事は七～八月だけしかないが、一夏働けば百万円以上になった。しかも、富士山の標高は日本一であり、国内で唯一、高所順応（低酸素と低圧に身体を慣らす過程）に適した山だったため、天野和明の他にも、何人かの気鋭のヒマラヤ・クライマーたちが資金稼ぎとトレーニングのために働いていた。

登山をしない人々にとっては、富士山は東海道新幹線から眺める、つまり南側から眺める印象が強いためか、富士山は静岡県の山だと思っている人々が多いようだが、その北側半分は山梨県となっている。私たちが働いていたのも、山梨県の北口ルート、通称、富士吉田口といわれるルートだった。富士吉田ルートは、江戸時代から始まった庶民の富士山参詣でも使われていたルートで、現在でも同じく、最も登山者が多いルートとして知られている。江戸時代の巡礼者は、甲州街道を通って八王子から小仏峠《こぼとけとうげ》を越え、大月《おおつき》から桂川に沿って都留《つる》を経由し、富士吉田に入る。その手段が徒歩から自動車になっただけで、ルートは今も変わっていない。

たいていの日本の山には、一つの山に一つの神社という形で、神様が祀られているが、富士山は山体が大きく、それぞれの登山口にはそれぞれ別の神社が置かれ、巡礼者を泊める宿坊

（御師の家と呼ばれる）を中心に、町が形成された経緯がある。富士吉田ルートの神社は杉の巨木が美しい北口本宮富士浅間神社で、昭和三十九年に富士山五合目まで開通した富士スバルラインが出来るまで、すべての登山者はここから登山を開始した。現在はそれが逆転し、山梨県側から登る登山者の99パーセント以上はスバルラインを通って五合目から登山を開始し、北口本宮富士浅間神社から登る登山者は、一部の外国人旅行者、登山競争にでるトレイルランナーなど限られた人々だけだ。

今も昔も富士山の登山ツアーは独特で、江戸時代であれば、江戸や周辺の町々で結成された富士講とよばれる巡礼者のグループに、先達《せんだつ》と呼ばれる現在でいうところのツアーリーダーがいて、その講を率《ひき》いて富士山までやってくる。巡礼者の一団が麓までくると、あらかじめ馴染みとなっている御師の家と呼ばれる宿坊に泊まり、祈祷を受ける。御師は富士山に限らず、各地の霊山や聖域の門前に住まう人々で、神社仏閣に所属し、巡礼者に加持《かじ》祈祷を行い、宿泊や様々な便宜を取り計らう。御師の家には、祭壇があり多くは神仏が一体となった独自の祈祷も行っていた。通常の神職や僧侶とは異なり、宿坊として宿も提供し、シーズンオフには地方に出向いて現在の旅行会社のように営業活動を行う。また、SNSやマスコミのない時代なので、その土地の魅力や独自の文化を伝えるインフルエンサーのような役割を果たしていた。江戸時代は身分が確定し、移動が厳しく制限されたイメージがあるが、御師は身分の差を超えて活動し、自由に移動を行っていた点でも特徴的である。

この謎の、なんでも屋的な混沌とした存在が許されたのが、江戸時代の魅力だったのかもしれない。が、時代が下るに従い、細分化され、システム化されるのは世の常か、明治期の神仏分離政策によって全国の多くの御師は廃業するか、単なる宿泊業者へと転向した。富士山では、その宿泊業も富士スバルラインの開通によって壊滅的なダメージをうけ、多くの登山者は東京やそのほかの大都市から、バスで直接五合目に向かうことになり、現在、営業を続ける御師の家は二～三軒だという。

現在、御師の家が衰退した代わりに、山小屋がツアーを募集し、先達の代わりに登山ガイドが各山小屋に所属する形になっている。天野和明も私も、同じく八合目にある山小屋にお世話になり、その小屋に宿泊する団体を案内する仕事をもらっていた。

現在では出来ない話だが、当時、ガイドは五合目の富士山小御嶽《こみたけ》神社の裏手にある駐車場に寝泊まりし、水のない富士山の上での生活のため、小御嶽神社に様々な便宜を計ってもらっていた。小御嶽神社の境内には、往時の富士講が奉納した重さ百貫（375キログラム）の鋼鉄の鉞《まさかり》が、無造作に置かれていて、ガイド仕事の待機中に、クライマー連中と力比べでその鉞をひっくり返しに行っていた。なんでも、この地を開拓した大天狗《おおてんぐ》が使っていたもの、という伝承の鉞らしいが、初代のものは戦時中に供出でもっていかれてしまい、現在のものは戦後に復元されたものらしい。それでも、現在の技術では再現するのが難しいらしく、確かに数十年、過酷な富士山五合目で風雪風雨に耐えながら玉砂利《たまじゃり》の上に鎮座しているが、いっこうにサビがついていない不思議な代物だ。この鉞をもち上げて投げた男が過去に二人いるらしく、一人は力道山《りきどうざん》、そしてもう一人は白鵬関《はくほうぜき》だそうだ。

北口本宮富士浅間神社の御祭神、富士山の神はいわずとしれた木花開耶姫命《このはなさくやひめのみこと》であるが、五合目にあるこの小御嶽神社の御祭神はというと、姉の磐長姫命《いわながひめのみこと》である。神仏習合以前は、小御嶽山大権現、あるいは丹沢《たんざわ》の大山《おおやま》で祀られていた石尊《せきそん》大権現が祀られていたとも言われている。

記紀に記される天孫邇邇芸命《てんそんににぎのみこと》と木花開耶姫命、磐長姫命の逸話は有名だ。古事記においては、妹の木花開耶姫命の美しさに一目惚《ひとめぼ》れした邇邇芸命は、その場で求愛するが、木花開耶姫命の父、大山津見神《おおやまつみのかみ》は、容姿の醜《みにく》い姉の磐長姫命も同時に妻として差し出してくる。邇邇芸命はおそれ、磐長姫命を父のもとに送り返すと、大山津見神は怒り「天孫が岩のようにいつも変わらず不動であるようにと、願いをこめてのことなのに、磐長姫命を送り返すとは何事か。この後、天孫の生命は花のように儚《はかな》くなるだろう」と言った。天孫にかけられた呪《のろ》いである。日本書紀では、この呪いが大山津見神ではなく、磐長姫命から直接かけられるが、話の大筋は変わらない。この話の寓意については、様々な説があるが、この話を解く鍵の一つに実は、富士山の地質学的な成り立ちがある。

近年の調査結果では、富士山は大きく分けて三回ないし四回の噴火によって現在の姿に形作られたという。そのうち最初の噴火（数十万年前）によって出来たオリジナルの富士山ともいうべき山体が小御岳富士《こみたけふじ》とよばれる。その後、およそ十万年前の噴火により、古富士とよばれる標高2700メートル程度の富士山が出現した。そして、現在私たちが眺めることの出来る富士山、標高3776メートルの富士山は、およそ一万年前に出現した比較的新しい富士山だとされる。つまり、富士山の中に、マトリョーシカのようにミニチュアの富士山が埋まっているのだ。そして、最も古いオリジナルの富士山・小御岳山《こみたけさん》の山頂部分が僅かに露出しているのが、小御嶽神社周辺だという。まだ地質学どころか科学がない時代に、この場所に神社を建て、木花咲耶姫命ではなく、年長の磐長姫命（そして岩のように不動の存在である）を祀った古人の宗教的直感には驚かされる。

富士スバルラインを登っていき、富士山一合目付近に差し掛かると、前方に小御岳山が圧倒的な迫力をもって見える箇所がある。直線にしてわずか100メートル程度の箇所だが、そこから眺める富士山は逆にのっぺりとして、小御岳山が本体のように見える。

後に私は、東京麹町にある戸嶋靖昌記念館において、江戸時代の臨済宗の白隠禅師《はくいんぜんじ》の書「小御嶽山大権現」をみてあらためて驚くことになる。白隠は朴訥《ぼくとつ》で大胆な筆先で知られるが、その書において、白隠は大きく「小御嶽山大権現」と墨書し、その上にちょこんと富士山の絵を描いている。白隠も同じく、宗教的直感によって富士山の地質学的成り立ちを理解し、富士山の正体は小御嶽山であることを看破《かんぱ》していたのだ。パワースポットと呼ばれる富士山だが、その成り立ちを知ると、あの美しい山を下支えする力が見えてくる。氷山と同じく、富士山の本質も、我々の目で認識できる部分は、ほんの一角なのだろう。

天野和明とは、この小御岳山で知り合った。そして、前述したように、彼の誕生日は富士山の日だし、愛車のナンバーはもちろん富士山の標高と同じだ。彼はどちらかといえば寡黙な人

白隠書　小御嶽山大権現（戸嶋靖昌記念館蔵）
© 執行草舟コレクション

小御嶽神社の鉞

間で、質問されたこと以外は、あまり自分の口からは話さない人間だ。私のほうから、彼のエピソードを話さない限り、偉大なクライマー、登山家という以外に、他に彼の人柄が伝わる手段がないかもしれない。

彼は山梨県の旧大和村《やまとむら》、現在の甲州市に位置する甲州街道沿いの旧家に生まれた。中里介山《なかざとかいざん》の小説『大菩薩峠《だいぼさつとうげ》』の麓の村である。辺りは武田信玄の武田家にちなむ伝説にあふれ、信玄亡き後の勝頼《かつより》が滅亡した天目山《てんもくさん》や、勝頼の忠臣・土屋昌恒《つちやまさつね》の有名な片手千人斬りの崖など、武田家を偲ぶ旧跡が多い。彼に限らず甲州生まれの人間は武田信玄への敬慕が強いが、特に彼はそうだった。ヒマラヤの8000メートル峰に登頂した際にも、同じ甲州生まれ甲州育ちの明治大学の先輩とともに、山頂で「風林火山」の手ぬぐいを掲げていたそうだ。手ぬぐいは、武田信玄の菩提寺・恵林寺で購入したものだ。二〇〇九年に登山界のアカデミー賞とよばれるフランスのピオレドール賞を受賞した際、彼はフランスの晴れの舞台に和服で登場した。彼の先祖が武田家の遺臣だったと言われても、疑う余地は全くない。そう思わせる雰囲気をもつ男だ。

ただ、私は彼と、仕事以外で山に行ったことは一度しかない。彼の普段の活動の場は、私のような三流の登山者が立ち入られる安易な山域ではないからだ。その一度は、後立山連峰《うしろたてやまれんぽう》の五龍岳《ごりゅうだけ》で遭難した共通の友人の遺品を回収しに行くときだった。当時（私が三十〜四十歳にかけての十年間において）は、同世代のクライマーやガイドが、毎年、何人も山で亡くなっていった。報道などの印象では、初心者や無知で無謀な人間が、事故を起こし亡くなると思いがちだが、少なくとも雪崩事故に限ってはそうではない。過去三十年の統計では、全体の死亡者のうち、約半数がなんらかの山岳組織に属するいわゆる経験者と呼ばれる人々である。天野がヒマラヤで、ともに風林火山の手ぬぐいを掲げていた先輩も、次の年にチベットヒマラヤにおいて、雪崩事故で亡くなってしまった。他にも、また一人、また一人と続き、若い妻と、幼い子供を残して死んでいった友も、一人や二人ではなかった。この平和な時代に、これだけバタバタと人が亡くなっていくのを、当時はさして異常だと思っていなかった。今思えば、それこそが異常なことかもしれない。

人が山での事故で亡くなると、それは不慮《ふりょ》の死、などと言われる。あるいは、非業《ひごう》の死を遂げる、などとも言われることもある。いずれも仏教用語であり、初期の仏典である阿含経《あごんきょう》の中の仏説九横経《ぶっせつくおうきょう》が出典だという。九横経によると、人間が寿命によらず、また、前世《ぜんせい》の因果《いんが》によってではなく、急死、または横死《おうし》を遂げるには九つの原因があるとされている。前半の五つは主に食事や生活習慣の不摂生によるもので、六番目は「仏教の戒律に従わないため」、七番目には「悪友に近づくため」。八番目には「入ってはならない時に山里に入るため」――ここでいう里とは、修行僧が安易に街に近づくことを指す。そして九番目には「避けられるものを避けないため」として、象馬牛車蛇虫、酔人悪人など、避けられるリスクを避けないために死ぬとされている。興味深いのは、横死の原因が単体で存在しているのではなく、外部との相関関係の中で、段々と、人が死に至る行動判断をしていく様が描かれている点だ。つまり、はじめは日々の食生活など、それ自体ではリスクの少ない行動で、ついで食生活によって習慣が形づくられ、後半の三つは、習慣によって生死を分ける行動判断をする人間の様が描かれている。

これだけ山の友人たちが亡くなる経験をすると、これらの説にも説得力があるように思えてならない。そもそも山男で、食生活に気をつけている人間に私は出会ったことがないし、七番目の「悪友に近づくため」というのも恐ろしい表現だが、真実かもしれない。普段はとても慎重な行動をとり、およそ遭難や事故とは無縁の行動習慣を身につけている友人でも、たまたま、その日にロープを結び、行動をともにした仲間が、より危険な行動をとる人間で、その仲間に半ば引き摺《ず》られるようにして死に至るケースもある。厳しい話だが、危険な行動をとるパートナーを「悪友」と認識できるかどうかが、生死の境となるのだろう。

ヒマラヤ・シシャパンマ（8027m）山頂の天野和明（本人提供）

明治大学の先輩　故・加藤慶信（左）と天野和明
アンナプルナ（8091m）にて（本人提供）

九番目の「避けられるものを避けないため」など、当たり前すぎてぐうの音も出ない。なぜなら、山は動かない。その避けられるものにあえて近づいていくのが、登山家だ。もちろん本人たちは、少しでもリスクの少ないタイミングを選んでいるつもりなのだが、山が本質的に人間を横死に至らしめる場所だと、どれくらいの人間が認識できているか、怪しいものがある。

これらの原因による横死、非業の死を避け、寿命で亡くなることを、仏教では、天寿を全うしたと表現する。寿とは時間のことで、与えられた生命時間を生ききるという意味だ。では、山で亡くなった仲間たちは、寿命を全う出来ず、生ききることが出来なかったのだろうか。心情的には、好きなことをして死んだのだから、本望だろうと、多くの人はいうだろう。また、登山家、冒険家に限らず歴史上、非業の死を遂げた人物は無数にいる。チェ・ゲバラや吉田《よしだ》松陰《しょういん》のような革命家、常人では成し遂げられない偉業をなし、あるいは志半ばで倒れた革命家は、名前を上げればきりが無い。彼らの人生をして、誰が生ききっていないと言えようか。

大切なのは、寿命の前に死ぬかどうかではなく、たとえ、早世《そうせい》だったとしても、死を意識して日々を生きていたかどうかではないだろうか。登山でも、冒険でもそれは同じだ。死に至るリスクを認識し、日々を全身全霊で生きた上での失敗であれば、それは諦めがつく。問題は、危険を認識せず、死を認識せず、足元をすくわれるようにして亡くなる、横死である。

山の友人が多く亡くなっていく中で、天野は「失敗したい」と言ったことがある。ボンクラな登山者である私から見れば、彼のヒマラヤでの成功や数々の輝かしい記録も、その絶えざるトレーニングの当然の結果のように思えるが、彼にとって、友人や先輩が死んでいく中、自分だけ成功が続いたことは、みえざる幸運、それも望外の幸運の手引きのおかげだと考えていたようだった。次の一歩、次の一手が生死を決める極限のクライミングをしているものにとって、幸運の鐘が鳴り止んだ後には、沈黙の次に何が忍び寄ってくるのか分かるのだろう。ここまで幸運が続けば、次の登山は死で迎えるのではないか、という不安である。登山における最大限の失敗＝死の前に、レッスンとして学び返すことの出来る程度の失敗が欲しいという。この発言を、彼が覚えていたかはわからないが、数年後、彼は大きな事故に遭遇した。山岳ガイドを職業として志し、必要なトレーニングや試験を受ける中で、冬の八ヶ岳でロープを組んでいたベテランの試験官とともに、彼は数百メートルの岩場を滑落した。現場を目撃したガイド仲間の誰もが、二人は「死んだ」と思うような大事故である。打ちどころが悪くなくても死ぬような事故であるが、二人は奇跡的に一命をとりとめた。天野は足首を脱臼骨折し、大腿骨も骨折。同時に滑落した試験官も全治六か月の重症を負ったが、生命だけは助かった。

語弊があるかもしれないが、なぜ、山で死んだかわからない人間もいる一方、なぜ、助かったのかわからない人間もいる。当時の現場を目撃した誰もがそう思ったに違いない。それほどの事故から彼は生還した。足首にはボルトが埋め込まれ、かつてほどの柔軟性を失っていたが、丹念にリハビリを重ねて、再び山岳ガイドになることを志した。まずは里山から再起をはじめ、富士山にも登り、数年後には、スイスやフランスなど世界27か国で認められる山岳ガイド資格であるＩＦＭＧＡ国際山岳ガイドの資格を取得した。

先に、山は人間を横死に至らしめる原因となり、本来は避けられるはずのリスクであると書いたが、彼にとって、ついに山は生業となり、人生をかけ正面から向き合う天職となった。

生き残った人間には、仕事がある。まだ、彼にはなすべき仕事が残っているのだ。

国際山岳ガイドとなった天野和明

第六章　日向国　岩戸川

天岩戸洞窟を目指すチームを編成するにあたり、残る最後の人物とは、東京の銀座で会った。プロ登山家の竹内洋岳である。登山家というより、哲学者あるいは現代アーティストといった風貌の人。ヒマラヤよりも銀座が似合うといったら失礼だろうか。そもそも日本にいないことが多く、滞在中は多忙を極める竹内さんに依頼のメールを送ったが、一週間ほど返答がなかった。日本を代表する登山家に、天岩戸の初踏査を依頼する。少し大きな夢を描き過ぎたのだろうか。

世界にはエベレストを初め、標高８０００メートル以上の山が十四座あるが、竹内さんは、令和六年九月時点で、そのすべてに登った唯一の日本人である。かつてこの記録に挑戦した日本人登山家が何人もいたが、十座を目前にして、惜しくも九座で亡くなっている。日本人にはこの記録達成は不可能ではないか、と誰もが思い始めていた頃、現れたのが、竹内洋岳だった。竹内さんがこの偉業を成し遂げたのは、今から十年以上も前だが、その後、次に続く日本人は未だ現れていない（二〇二四年九月現在）ことからも、この記録が常人離れした記録であることが分かる。さらに竹内さんは、十四座のうち十一座は酸素ボンベを使用せずに登り、また、マカルー（８４６３メートル）では、日本山岳会隊に参加し、未踏の東稜ルートから登頂。この記録は世界初の偉業となった。また、その後は大規模な登山隊によるヒマラヤ遠征でなく、アルパインスタイルと呼ばれる、少人数、無酸素、短期間による登山スタイルによって、ヒマラヤの８０００メートル峰に挑戦を続けた。

過去二十年において、８０００メートル峰が一般ルート以外の難しい壁から登頂された例は世界でも六例しかない。そのうちの一つが、ドイツ人登山家のラルフ・ドゥイモビッツ、オーストリア人のガリンダ・カールセンブラウナー、そして竹内洋岳のチームによるシシャパンマ南西壁登攀である。この時、彼らはＢＣ（ベースキャンプ）を出発後、テントや生活道具一式を担いだまま南西壁を登攀し、主峰と中央峰を縦走。そのまま北面に下山して、僅か十日間で、ぐるっとシシャパンマを一周した。現在では、十四座登頂が登山家が目指すタイトルとして、当時よりも一般的になっているようだが、竹内さんの足取りやスタイルを詳細に眺めると、単に十四座完登といった記録を追うのではなく、それぞれの登山に彼自身の美学が貫かれ、過酷かつユニークな発想を見てとることが出来る。

さらに、この記録を難しくしているのは、高所登山と呼ばれる8000メートル級の山々の技術的な困難さだけでなく、安くはない遠征費をまかなう資金面での現実的な問題が立ちはだかる。現代のようなSNSのない時代に、竹内さんは「プロ登山家」を名乗り、自身の登山家としての活動とその後の講演会などのPR活動だけで、遠征費を捻出するのみならず家族を養っている最初の登山家でもある。歴戦の多くの日本人登山家が成し遂げられなかった偉業に、竹内さんだけがなぜそれを成し遂げられたのか、直接、尋ねたことがある。答えは単純だった。

「人に恵まれたからだよ」

それは、謙遜《けんそん》でもなく、パフォーマンスでもなく、心底そう思っているような素朴な言い方だった。竹内さんの登山のほとんどは従来の日本の登山隊が行っていた大規模な遠征隊ではなく、外国人をパートナーとした少数精鋭のチームによるものだった。実際の登山中に関わる人間は少ないとはいえ、おそらく山に至るまでの過程で、多くの人々の支えを受けたことを言っているのだろう。そして、先に言ったように、それは謙遜ではなく、事実として認識している

竹内さん

竹内さんの書棚

ようだった。8000メートルの高所で生き残るためには、自らを客観視した、透徹した眼、ある種のリアリズムが必要なのだろう。

はたして、その究極のリアリズムをもった登山家に、天岩戸洞窟への誘いはどのように映るのだろうか。幸いといっては申し訳ないが、エベレスト遠征が中止になり、スケジュールは空いているはずだ。誘いに乗ってくれるだろうか？　不安にかられはじめた時、メールが返ってきた。

——面白そうな話ですね。少し詳しく話を聞かせてくれない？

やった！　あの竹内洋岳が、興味を示してくれている！　私は飛び上がりたいほどの感動を抑えて、銀座で会うこととなった。なぜ銀座かというと、以前、竹内さんから仕事を紹介して頂いた大手企業のオフィスが銀座にあり、そこでの仕事の打ち合わせの後、話をするためだった。ちなみに竹内さんから紹介して頂いた仕事は他にも数限りなくあり、それはまた、私だけでなく、山やアウトドア業界の多くの後輩たちもそうだった。どこの業界でもそうなのだろうが、例えば山業界なら、そこから一つ頭を飛び抜け、他の業界関係者と仕事が出来る者は少ない。竹内さんはその数少ない人間の一人で、絶えず見知らぬ他業界の関係者と仕事をしており、自分の手におえない案件だと、後輩や知人たちに繋いでくださる。そういう理由で竹内さんを慕う若者は多いのだが、かといって、昭和の親分肌のタイプとも違って、後輩たちを引き連れている印象はなく、いつも独りでスマートに行動している。単純に、技術的について行ける人間が少ないのかもしれない。


「この間の話なのですが、どうでしょう。宮崎県の高千穂町の話です」

「よくわからないけど、面白そうな話だよね。誰も入ったことないの？　その洞窟？」

「はい、そういう話です。一応、人跡未踏というか、人間は入ったことがない、という風に宮司が言っていました」

「初踏査か。興味あるね」


この時の、竹内さんの眼を忘れることが出来ない。後に、改めてインタビューをした時に言っていたが、

「人跡未踏と聞いて、登山家、探検家の末裔であるという、血が騒ぐ」

ということらしい。普段、街で接している竹内さんは世を忍ぶ仮の姿なのだろう。東京・千代田区にある竹内さんの事務所には、スウェン・ヘディン、今西錦司などの探検家から始まって、モーリス・エルゾーグなどの初期のヒマラヤ登山家の著作がひしめいている。竹内さんの風貌は確かに、登山家というより、アカデミックな十九世紀の探検家を思わせる。ただ、活き活きとした眼を輝かせながらも、歴戦の探検家は冷静だった。

「そもそも、どっからこの話が来たの?」

「はい、話をくれたのは大阪のAさんという方なんですが、ここ数年、関西方面の仕事でお世話になっていて」

「今回は神社じゃなくて、そのAさんからの依頼なのかな?」

「それが、その、よくわからないんです。調査してほしいと言っているのは、天岩戸神社なのですが、まとめているのがAさんでして、経費や報酬とかもAさんの会社から出るみたいです」

自分でも話していながら、かなり怪しい話だと思った。今までのA氏からの依頼は、内容を詳しく知らなくても引き受けていたが、それは関わる人間が私一人だけだったので、さしつかえなかった。しかし、今回は違う。神話以来、誰も入ったことのない天岩戸洞窟を調査し、注連縄を張る。そして、その費用は企業家が払う。しかも今はコロナ感染防止の自粛期間が明けたばかりで、移動は制限されている。合理的な説明をすればするほど、怪しく、また危険な話にも思える。まともな人間なら首をかしげるだろう。しかし、歴戦の探検家は違った。

「そうなんだ。まあ、そこは広田さんに任せるよ。日程は八月後半ならまだ空いているから」

「ありがとうございます！　ぜひ、お願いします！」

これほど嬉しいことはない。最高のメンバーが揃った。それにしても、こんなに夢のある話はあるだろうか？　竹内さんの承諾を聞いて、先程までの「怪しい話」が一気にドリーム・プロジェクトのように思えてきた。その後、私たちは事務的な話をすすめ、日程は仮に八月の最終週ということで進めることとした。

「あとはコロナの状況だね」

「そうですね、感染者数うんぬんじゃなくて、悪いけどやっぱり、田舎ですし、東京からまとまった人数が来るというのも、良くは思われないでしょうね」

「宮司さんはどう思ってるの？」
「詳しくは話してないんであれですけど、熱意は相当あられるようでして」
幸い、佐藤宮司には、東京者がやって来ることに拒否反応はなかった。現地では、なるべく人に会わずに行動するしかない。次に竹内さんに会うのは、現地の入口、熊本空港になるだろう。

竹内さんと別れたあと、私はさっそくA氏に連絡し、竹内さんの参加を伝えた。A氏がもっとも喜んだのは、（竹内さんの参加自体もそうなのだが）竹内さんが登山を通じて今上天皇とご縁があるという事実だった。天皇陛下のご趣味が登山であることは有名だが、皇太子時代には日本百名山のうち約半数を踏破され、忙しいご公務の間をぬって通算すると百七十回以上登山をされている。現在も日本山岳会の会員であられるし、竹内さんが行った８０００メートル十四座登頂を記念する講演会や、日本隊のマナスル初登頂六十周年を記念するイベントを竹内さんがプロデュースした折にも、お越しになられたという。

「やはり、必然ですね。相応しい方が来られると思っていましたよ。天野さんだって、〝天のですしね」

と、A氏は言った。まるで、「当然でしょう」とでも言いたげな雰囲気だった。別にこちらの努力を分かって欲しいという訳ではないのだが、A氏に限らず、よく精神世界が好きな人に「偶然などない。すべては必然なのです」などと、したり顔で話す人がいる。言ってる本人に悪気はないと分かっているが、もしも必然だと思えるなら、先に教えてほしい。実際にやる人間、ものごとに取り組む人間はいつだって夢中なのだ。それは必然なのです、と澄ました顔で言われると、私はどうも釈然としない思いになる。

「宗教家が神秘と呼び、科学者が偶然と呼ぶもの、そこにこそ真の必然が隠されている」

『美しい星』に出てくるこの言葉は、三島由紀夫が単なる評論家ではなく、果敢な行動者であるからこそ、価値をもっているのではないだろうか。評論家のいう必然よりも、私はむしろ宗教家が「神秘」と呼ぶ態度に共感をおぼえる。神の見えざる手を、肌で感じつつも、それについては深く見ようとはせず、眼の前のやってくる事象に、全力で取り組む。この思想を「体当たり」という。三島由紀夫とも縁のあった思想家・実業家の執行草舟氏から教わった思想だ。思うに、人間が人生に起こった事象について「それは必然だった」と落ち着いて言えるのは、死んであの世に行った時だけではないだろうか。生きている人間は、誰も自分の人生の全容を把握できていない。日々、体当たりで生き、神秘に驚嘆して生きるだけで、私は精一杯だ。そして、その神秘は望外の結果であって、体当たりの最中に、神秘を期待する余裕などない。ましてや、天岩戸への道は前例がない。前例がない道を進むには、体当たり以外に方法はない。私たちは未知に向かって歩みを進めるだけであって、そもそも確実に登れると分かっている山に、登山家の魂は燃え上がらないのだ。

◇　◇　◇

「藪山だね」

八月末の平日、天岩戸神社の広すぎる参集殿で、竹内さんがボソっとつぶやいた。宮司に遥拝殿へと案内され、いよいよ御神体である天岩戸を眺めたあとの、登山家としての正直な感想である。

宮司の熱心な説明に耳を傾け、御神体を眺める登山家たち（竹内、天野、林）を、A氏は口

樹木に覆われた御神体

には出さないが「どうですか、感動するでしょう」といった感じの眼差しで見つめていた。だが、肝心の登山家たちは困惑しているようだった。断崖絶壁にある神秘の洞窟、であるはずの御神体は、実際には草木に覆われて見ることが出来ない。一応、関係者をガッカリさせないためにも、もっともらしくルートを話しあっているが、藪が濃すぎて、目視《もくし》だけでは何もわからないように思えた。

その後、宮司たちと参集殿に戻り、地図や写真を使って、明日以降の計画を話し合った。話し合ったといっても、村の古老が、子供の頃に御神体の下で川遊びをしたとか、使われていない古い道が川底まで繋がっているはずだ、とか、その程度の情報を聞いただけで、基本的には「あとは、お任せします」という段取りだった。そして、皆がいなくなったあとに先ほどの会話である。

「藪山ですね」

と天野君が返した。

彼らは御神体のことを畏れ多くも「藪山」と呼んでいるが、かといって小馬鹿にしている感じでもない（もちろん、御神体を崇敬している人の前では、そのようには言わないが）。私などは逆で、御神体に対して失礼のないようにと、ともすれば大仰《おおぎょう》に構えてしまうのだが、彼らはあくまでもフランクに接している。藪山というのも、事実をありのままに述べているのであって、実際の作業に入ったら、逆に私の大仰さは、邪魔になるのかもしれない。

天野君が竹内さんに聞いた。

「やっぱり、グラウンドアップですかね？」

「そうだね。一応、初登だからね」

グラウンドアップとは、岩登りにおいて、特に初登攀の際に、文字通り地面から上に向かってアプローチするスタイルのことをいう。小規模な岩場では、上からロープをつたい懸垂下降《けんすい》しながら、ルートを一度確認した上で登るケースもある。邪道とまでは言われないが、これは次善の策とされる。その岩、そのルートとの初対面は一度しかない。グラウンドアップでは、登りきることよりも、その一度きりの岩との対面に価値を見出し、敬意を払う、クライマーならではの、誠の心というべきか。

富士講道者の行衣をまとう林智加子

岩戸川で禊をする竹内と林

ここで話し合われた計画はこうだ。初日、早朝から岩戸川において、宮司の先導で禊を行い、A氏を含め一同、身を清める。その後、登山家チームは御神体を偵察。御神体内部への安全なルートを探り、可能なら樹木を剪定《せんてい》し、遥拝殿から目視できる状態にする。二日目に宮司やA氏を含む関係者数名を御神体にお連れする。わずか二日の行程で、これらの目的が達成されるだろうか。しかし、このチームの面々が揃うことはそうそうないだろう。限られた時間だが、やるしかない。

翌朝は快晴。前回の大祓の日に訪れた岩戸川は、梅雨の雨を集めてものすごい流れだったが、今回は、晩夏の日差しの下、とても澄んだゆるやかな流れに変わっている。この川水に浸かれば、いかにも清められそうだ。

男子が身につけるのは、越前ふんどしに、白はちまき。チームで唯一の女性、林智加子は、「富士山吉田口」と背中に大書された白い行衣をまとっていて、道ゆく人々が振り返って眺めていた。林智加子は、富士山が好きすぎて、富士山の北面、山梨県富士吉田市に移住した一人である。北口本宮富士浅間神社の御祭神、木花開耶姫命は高千穂神社の御祭神でもあるし、日向国、宮崎県には木花開耶姫にまつわる伝説が多数残されている。何かの縁だろうか。

岩戸開きの前に、八百万の神々が集まって、作戦会議をしたと伝わる天安河原で参拝を行い、岩戸川に沿って上流へと向かう。しばらく遡行《そこう》すると遠くに深く水をたたえる淵が見え、手前にはサラサラと日光を乱反射させている浅瀬がみえた。A氏から私は、禊行《みそぎぎょう》の一部始終を録画するように、依頼されていた。宮司の先導によって、鳥船〈とりふね〉、雄健〈おたけび〉、雄詰〈おころび〉、気吹〈いぶき〉といった禊行の準備所作を大声で行っていく。鳥船の船をこぐ所作をしていると、何か自分が神武東征に従軍し、御座船を漕いで美々津浦を出発した気分になってくる。禊の起源は、伊邪那岐命《いざなぎのみこと》が黄泉国《よみのくに》から戻った際、穢れを祓うために行った禊祓《みそぎはらえ》が起源とされている。この行によって、穢れが祓われた後、天照大神をはじめとする三貴子が出現した。復活と再生を意味するこの行。ためらいもなく深い淵へと入っていく、宮司の背中がたくましい。夏とはいえ山水をたたえる岩戸川の水は冷たく、ただでさえ体脂肪率の低い登山家連中には、少し厳しい。呼吸に意識を集中しなければ、すぐに乱れ、過呼吸気味になってしまうが、大祓詞を唱え始めると、不思議と呼吸が整ってきた。

——高山《たかやま》の末《すえ》　短山《ひきやま》の末《すえ》より　佐久那太理《さくなだり》に落ち多岐《たぎ》つ　速川《はやかわ》の瀬に坐《ま》す瀬織津姫《せおりつひめ》といふ神

緑の木々の間をぬって、水面に到達した白い光線が、深い淵のゆったりとした流れに吸い込まれていく。この光景をみて、大祓詞は描かれたのではないか、と思われるような景色が目前で展開された。横にカメラをむけると、天野君が一語一語しっかりとした声で大祓詞を唱えている。さすがは明治大学山岳部の出身である。バンカラな気風が自然と身についていて、儀式を決して疎かにしない。「君が代」も一人で恐れず斉唱するタイプに違いない。

そのやや後ろに竹内さんがいるのだが、こちらはなぜかクスクスと笑っているように見えた。この状況でニヤけているなんて、どういうつもりだ、と思ったが、声には出せない。禊が終わってから竹内さんに尋ねた。

「ちょっと、竹内さん！　さっき、笑ってませんでしたか？　どういうつもりです？」

「いや、ごめん、ごめん。広田さんの姿がおかしくて。裸でカメラもってるからさ、あれ思い出しちゃって。山田孝之の『全裸監督』（ドラマ）。そっくりだったから」

ほら、といってスマホで撮った私の姿を見せてくれたが、たしかにそうだった。一同、笑いに包まれたが、せっかくの神秘体験が台無しになったと、私は少しふてくされていた。これ以降も、私が儀式などで真面目すぎる行いをすると、竹内さんはそういう私をからかいたくて、しょうがないらしく、子供のようにちょっかいを出してくるようになった。始めは不真面目な態度だと思って怒っていたのだが、彼一流のユーモアなのだろうか。考えてみると、山において人間の定めた規則や時間に忠実すぎると、視野が狭くなり、時に、行動や決断に柔軟性を欠き、危険な状況に陥ることがある。このあと数年間にわたって、竹内さんと仕事をさせて頂くことになったのだが、今では彼の「不真面目さ」は柔軟性の表れなのだと理解するようになった。

その後、参集殿に戻り、越前ふんどしから、登山ウェアに着替えた。はちまきはしたままでヘルメットをかぶる。天野君が言った。

「はちまき、いいね。今度からクライミングの本気トライの時はしようかな」

そういえば、赤穂浪士も新選組も特攻隊も、出撃の際には、はちまきを使用している。数年後に注連縄張神事に駆けつけてくださった武道家の荒谷卓《あらやたかし》先生にこの話をした際、

——はちまきとふんどしは、どちらも気を鎮めるのに、役に立つのです。

と教えてくださった。山男も日本の武人の伝統に習い、身を整えて、天岩戸へと向かう。

「広田さん、では、よろしく頼みますね」

A氏が言う。思えばA氏の依頼はいつもこうだった。よろしく頼みますね、と言うだけで、それ以外の説明はなく、数々の神社や仏閣において、神事の撮影をすることになった。その極みが今回の撮影だった。彼はそのまま宮司たちと遥拝殿に残り、必要な際に電話でやりとりをする。私は記録係として現場に同行する。準備が整い、宮司に聞いた古道を辿って、川底へと降りていく。藪に覆われた道を、ナタで枝を掃《はら》いながら進んでいく。天野君を先頭に、林が続き、少し離れて竹内、広田と続いていくのだが、いざ行動となると、彼らの口数は驚くほど少なくなった。

どうやら、興奮しているのは私だけのようだった。人跡未踏、神話以来、誰も立ち入ったことのないとされる天岩戸洞窟。私は、そういう「言葉」に興奮しながら、ファインダー越しに前を行く岳人たちの後姿を追っている。川底につくと、やはり、水量は多く、15メートルほどの対岸に渡るためには、どこかで渡渉《としょう》をしなければならなかった。一度目の渡渉は膝まで。靴を脱いで川を渡った。ここから岩戸の正面にいくためには川に沿って下降していく。しばらくいくと、道は崖に阻まれた。天野君は渡渉につかったビーチサンダルのまま崖を登っていくが、ルートが繋がっておらず、そのまま降りてきた。崖を避けて再び対岸へと渡渉をすることにしたが、今度は腰まで浸かることになる。身長150センチメートル台の林は、胸まで浸かりながら川を渡った。禊を済ませた我々は、濡れることに抵抗がなくなっていた。沢登りなどにおいても、経験者は出来る限り渡渉を少なくするため、最小限の回数で遡行するためのポイント選びがうまいが、前をいく天野君も、効率よく川を渡るポイントを選定していく。この間、グループ内での会話はない。熟練者が地形を見れば、自ずと求められる行動は決まっていくのだろう。一方のルートがダメだった場合に備えて、他のメンバーがすでに別ルートを探している。こうして、すべての行動が黙々と行われ、ついに、御神体の下と思われる対岸へと達することが出来た。

「このルンゼかな?」

竹内さんが上を見上げながら、つぶやいた。

「地形図からいっても、そうですね」

岩戸川を渡渉する

御神体を下部から偵察

と天野君が返す。

二人のこの何気ない会話を聞いて、私は心底がっかりしてしまった。ルンゼとは、登山用語で急峻《きゅうしゅん》な沢上の地形をさす。古い登山用語はドイツ語が多く、ルンゼも同じくドイツ語由来だそうだが、問題はそこではない。神聖なる天岩戸も、登山家の前では地形形状の専門用語に変換されてしまう。私は恨《うら》めしそうに彼らを眺めたが、二人は意に介せず、再び渡渉の準備をはじめ、さっさとまた対岸に渡ってしまった。

「藪がひどいな。洞窟も、だいぶ崩壊が進んでる」

渡渉を終えた竹内さんが、リュックからとても高価そうな双眼鏡を取り出し、上部を覗《のぞ》いている。さらには、御神体の高さや幅を測定しているのだろうか、レーザースコープのようなハイテク機器を取り出して、しきりに覗いている。必要な行為だと分かっているのだが、そうした科学的な観察によって、御神体の神秘が失われていくような気がして、なんともいえない気分になる。私はなんだか、ガリレオ・ガリレイの地動説を否定したローマ教皇庁の気持ちが分かる気がした。望遠鏡など発明しなければ、人類は神秘を神秘として残しつつ、もっとロマンチックに生きてこられたのに。

うっそうと茂る木々の向こうに、わずかに御神体と思われる岩が見えた。いよいよ、御神体の内部へと足を踏み入れる。その前に、私は林智加子に尋ねた。

「中に入りますけど、大丈夫ですかね？」

大丈夫か？　と聞いたのは、物理的、技術的、あるいはリスクマネジメント的な意味ではなく、何か不穏《ふおん》な感じ、御神体が私たちが入ることを拒んでいないか？　という、超常的な意味での質問だった。林は即答した。

「ええ、特に何も感じませんよ。いきましょう」

私たちとしても禊をしたり、祈祷して頂いたり、順序は踏んだつもりであるが、何しろ、人類が初めて足を踏み入れる聖域なのだ。慎重に慎重を重ねる必要がある。天野、竹内ペアはすでに登り始めていた。私も林に続き、しばらく樹木に覆われた急な斜面を登っていくと突如として、砂地の開放斜面が現れた。かつて洞窟であった内部に、わずかに天井部分が残っており、日陰となっているため、樹木が育たないのだろう。

古銭を発見

「あ、これはなんですかね？」

と天野君が足元を見て叫んだ。竹内さんが手にとると、それは「寛永通宝《かんえいつうほう》」という江戸期の古銭であることが分かった。上から投げられたのだろうか、下から登ってきたのだろうか、その古銭はまるで砂地に置かれたようにそこにあった。いずれにせよ、近世においても、天岩戸が信仰の対象となっていたことが分かる、そんな物的証拠だった。

砂の開放斜面より上部は、まだ崩れ落ちずに残っている岩壁《がんぺき》となっており、左右の側壁《そくへき》には人が這っていけば入れそうな穴がいくつも見受けられた。天照大神がお隠れになったというのは、いったいどの部分なのだろう。私たちの上部に、オーバーハングした岩壁があり、まだその奥に洞窟が続いているように見える。天野君がその上部洞窟の入口を見つけ、さらに登ろうとすると竹内さんが言った。

「ここまででいいよ。宮司を連れて来れるのも、多分ここまでだし。無理に登って、岩を壊さないほうがいい」

竹内さんの決断はいつも迅速だった。目的を達成するための、最小限の努力を見極める。なぜなら、自然の中では人間の意志は強ければ良いという訳ではなく、強ければ強いほど、その分、反動も大きくなる。つまり、失敗した際の、リスクが大きい。おそらく、この見切りが、山で生き残る秘訣なのだろう。

「それに、こういうのは全部見ないほうがいいんだよ」

神秘をすべて白日の下に暴くのではなく、神秘は神秘として触れないほうがよい。竹内さんはガリレオやコペルニクスよりも粋な男だった。彼の意向で、天岩戸洞窟の最奥部は未知のまま残されている。

この未知というのは、神道において大切な概念なのかもしれない。伊勢神宮の内宮にも正宮に祀られるご神体と参拝者の間には「御帳《みちょう》」と呼ばれる白く薄いベールがかけられている。神と私たちを隔てるものは、半透明の白い布だけで、空間的に両者は重なり合っているようにも思えるし、視覚的には隔てられているようにも思える。不思議な距離感が存在する。この距離感について、竹本忠雄著『未知よりの薔薇　第五巻　交野路《かたのみち》』では、

「その本質そのものによって護持された遠さ」……

と、文芸評論家の山本健吉が引用したアンドレ・マルローの言葉を紹介している。この言葉は、竹本氏がフランスの英雄、アンドレ・マルローをともなって那智の滝を訪れた際、マルローが滝を前に後ずさりし、適切な距離を探っていたことに感動し、後に山本健吉が引用した言葉（『いのちとかたち』）だという。

天岩戸洞窟も、本来は岩戸川という水のベールを隔てて遥拝する「本質そのもの」だった。この時の竹内さんの決断には、今もって深く考えさせられるものがある。

とはいえ、明日はこの場所まで、宮司をお連れしなければならない。それにしては、樹木が覆いかぶさっており、鬱蒼《うっそう》として、とても身動きがとれないし、ここから遥拝殿も望めない。また、最終的に注連縄をかけるためには、これら絡《から》み合ったツタや藪を剪定しなければならないだろう。内部は暗く湿っており、どこか陰鬱《いんうつ》な気が漂っている。宮司から、多少の樹木の伐採は許されていた。しかし、御神体内部の木を切ることは、何かとても恐ろしい結果を招くようにも思われた。

「広田さん、やっぱり、切るよ」

竹内さんが言った。私は、助けを求めるように林を見た。林は黙って頷いている。竹内さんはなんのためらいもなく、のこぎりを使って木を倒した。

するとどうだろう。先ほどまで暗く陰鬱な気が立ち込めていた御神体の内部に光が差し込み、みるみると湿気が抜けていくのが分かった。抜けていったのは、湿気だけではない。先ほどまでの雰囲気がガラッと変わり、光線を透過して周囲の葉の色が若葉色に染まり、まるで新緑のように若々しい色に変わっていった。この表現が大袈裟でない証拠に、神秘や超常現象に一切

剪定後、洞窟から外を望む

の興味を示さない竹内さんまでもが、呆気《あっけ》にとられたように、あたりを見回していた。

「何かが開いたような気がしますね」

言葉に出したのは林だけだったが、ここにいた全員がそのように感じたのは、間違いない。

第七章　武蔵国　泉岳寺《せんがくじ》

東京へ戻っても、暑さはまだ続いていた。褉で身体が冷えたせいか、体調を崩しかけていたため、高輪にある東洋医学の治療院に出向いた。以前は都営浅草線・泉岳寺駅から歩いていたその治療院だが、東京オリンピックに合わせて、目と鼻の先に高輪ゲートウェイ駅が開設された。駅前の広大な敷地にはオリンピックで使われる予定の、大規模なライブサイトがあったが、開催延期のために白いフェンスが張り巡らされていた。最近の都心の暑さは尋常ではなく、日中に出歩く人は少ない傾向にあるが、コロナ禍とも重なって、人影が見当たらない。無人の駅の前に広がる、延期されたオリンピック関連施設が空虚さを通りこし、ある意味「神話的な」世界を作っていた。ジョージ・オーウェルの小説『1984』も、リドリー・スコットの映画『ブレード・ランナー』も、あれはSFなどではなく、現実の世界を描いたものだと、眼の前の光景が教えてくれている。

つい数日前まで、私たちは高千穂の岩戸川のひんやりとした流れに全身を浸かり、その川を渡って前人未踏の天岩戸への道を探っていた。それらの日々は非日常ではあったが、私たちは現実的な目標に向かって必死だった。東京に戻り、生活は日常に戻ったが、逆に眼の前に非現実的な世界が展開されている。私は広大なオリンピック関連施設を囲む白いフェンスを眺めながら、数日前の出来事を思い返していた。

天岩戸への道を探り当てた翌日、A氏からの依頼では、宮司をはじめ、A氏とA氏の会社の同志数名を天岩戸に連れていく約束だった。そのため、天野君は遅くまでルート工作を行い、フィックスロープを張っていた。登山初心者でも山岳ガイドでもある彼が付き添えば、なんとか岩戸まで到達できるルートを開拓した。しかし、竹内さんは何を思ったのか、

「やはり、岩戸につれていくのは、佐藤宮司だけにしよう」

と言った。

「もちろん、安全性のことも考えてだよ」

天野君も万全の準備を整えつつも、内心、思うところがあったようで、異論はなかった。

異論があったのは私だけだった。未だかつてA氏の依頼を断ったことがなかったので、少々戸惑った。果たして納得してくれるだろうか？　A氏が天岩戸に潜入することを、子供のように楽しみにしていることは、私も知っていた。しかし、A氏は普段から山を歩いている訳ではない。さらに、体形のことを言うのは申し訳ないが、運動不足が否めない身体つきをしていた。山に関する意思決定で、経験豊富な竹内さんの意見に反対を唱えることの無意味さを、私は分かっている。迷ったあげく私は、竹内さんの指示に従い、「安全上の理由で、宮司だけしか岩戸へ連れていけない」旨をA氏に伝えた。

「竹内さんがそうおっしゃるなら、それは仕方ないことです」

残念がるだろう、という私の予想に反し、A氏はなぜか笑顔だった。

思い起こせば、前日。ホテルで竹内さん一行を迎える仲間うちだけの祝宴をひらいてくれ、A氏は今までになく、上機嫌だった。A氏は基本的に世話好きの人で、メンバーに酒をついで歩いている。酔うとすぐに赤くなり、上機嫌になるが、この時はことのほか嬉しそうだった。それにつられて普段は酒を飲まない竹内さんまでもが、「乾杯だけでも」、と言ってコップに半分ほどのビールを、同じく楽しそうに飲んでいた。あとにも先にも竹内さんが酒を飲むのを見たのはこの時以外に、記憶にない。

A氏は竹内さんに、皇太子時代の天皇陛下に拝謁《はいえつ》した際の話を聴きたがった。竹内さんは今までに数度、拝謁の機会があったそうだが、それはすべて山を通しての機会だったという。お会いした際のいくつかの印象的なエピソードを聞いた後、

「天岩戸に初めて入る人間が、竹内さんであることは、必然以外の何物でもありませんよ。陛下がお知りになったら、どんなにか喜ばれることでしょうね」

とA氏は言った。以前は必然という言葉に釈然としない思いだったが、ここまで来ると、私も同じ思いだった。

翌日の偵察で岩戸への道がひらき、アプローチが可能であることが分かった。また、洞窟のおおよその大きさも分かり、必要な注連縄の長さも推定できた。さらに翌日、再びチームは天岩戸を目指した。今度は、山岳ガイドの天野和明がショートロープで宮司を確保し、岩戸川の渡渉では、林とともにスクラムを組み、急流を渡った。宮司は白の作務衣《さむえ》にヘルメットを被《かぶ》り、ハーネスをして登っていたが、みるみる白の作務衣は土砂で汚れていった。天岩戸神社で生を受け、毎日御神体を眺めながら、ついぞ足を踏み入れる機会のなかった洞窟へと、入っていった。

『古事記』『日本書紀』に記される天岩戸には、注連縄がかけられたと伝えられているが、眼の前の岩戸は、木々に覆われて注連縄どころか、その姿さえ見ることが出来ない。佐藤宮司は幼い頃にそれを不思議に思い、長じては悲しみ、ついには「神話の頃の姿に戻して差し上げたい」と思うに至った。その日はその積年の思いにようやく近づいた日だったが、実際の宮司の足どりは重かった。いかに経験豊富な山岳ガイドがついているとはいえ、宮司も普段から登山をしている訳ではなく、濡れた作務衣が足にまとわりつき、自由に足をあげることが出来ない。それでも宮司は、天野君が確保するロープを信じ、文字通り、必死に登っていった。泥にまみれ、崩れさる土をつかみながら、懸命に登っていく佐藤宮司の姿を見ると、信仰の本質、それも日本神道の一途《いちず》さといったものを考えさせられた。

やがて洞窟の最奥部まで辿りついた宮司は、懐《ふところ》から僅かな米と、塩、そしてお神酒《みき》をとりだし、一房の苗木の根元に、それを供えた。洞窟の中に苗木とは奇妙だが、光が漏れ差し込んでいたのだろう。まるで誰かに植えられたような小さな苗木が、これからはじまる神事の未来を暗示しているようだった。ささやかな儀式だが、岩戸の中で、祝詞が詠まれるのは初めてのことで、そしてまた、未来永劫、この一度きりかもしれない。儀式が終わっても、宮司はこの場を去りがたい様子だったが、降り始めた雨を竹内さんがしきりに気にしている。どうやら、渡渉の時に目印としていた岩が、増水によって埋もれ始めているらしい。現状、岩戸川を渡る以外に、宮司を安全に連れて帰れる道はなかった。竹内さんというと、8000メートルのヒマラヤ登山のエキスパートというイメージがあるが、日本全国の渓流や源流をくまなく歩く、釣り師でもある。降雨量と、増水のスピードを計算すると、下山のチャンスは今しかない。

天野君はロープで宮司を慎重に確保し、岩戸川のほとりまで辿りついた。来た時よりも増水し、勢いを増した岩戸川だったが、無事に渡り終えた。ここから神社までのルートは、フィックスロープを辿って登り返したが、一人づつ登るため、順番が最後になった林と私は、豪雨に

岩戸内部より遥拝殿を望む

まきこまれ、まるで滝のように流れ落ちる雨の中を登っていった。普段の沢登りならなんてことのない滝の登攀だが、神社の境内を流れ落ちる水は、どこでも有り難く感じられた。竹内さんはフィックスロープを辿るのではなく、フリーソロで勝手なルートを開拓し、さっさと一人で登っていってしまった。後で聞くと、雨にはほぼ当たっていないとの話だった。この三日間の滞在でチームは、A氏からの依頼の大半をこなすことが出来たのだった。

次回は、上部の崖を偵察して、実際に注連縄を固定する木、あるいは岩を選ぶ作業を行う。冬を越してのんびりと行えばいいと思っていたが、仕事の早いA氏は、次回の段取りも決定し、忙しい竹内さんの日程を調整して、次々と予定を決めるように、私に求めていた。早ければ年内に注連縄がかけられるかもしれない。

私は帰宅後すぐに日程や経費、必要装備などのとりまとめを行い、A氏にメールを送った。ちなみに、A氏はとんでもない宵《よい》っ張《ぱ》りで、夜中の二時にメールを送っても即レスで返信がある。また、よく私が山に出発する前に、朝の五時頃に送るメールにも、返信がある。その間の三時間は営業を停止し、寝ていると思われる。普段はそのように三百六十五日、二十一時間営業のA氏だが、ここ数日の間、珍しく返信がなかった。

そのようなことを思い返しながら、高輪ゲートウェイ駅を囲む長く白いフェンスに沿って歩き、治療院へと向かった。暑さのせいで、永遠に続くのではと思われるほど、フェンスは長かった。私は、身体に特に異変がなくても、半年に一度くらいのペースで、東洋医学の先生に鍼灸《しんきゅう》をしてもらっている。

「広田さんは、いつも、ひと仕事を終えるとやってきますけど、今回はまだ続いている感じですか?」

と先生は言われた。特に症状がなくても来ているのだが、話さずとも感じとってくれるらしい。

そのほか、先生にはいつも身体操作に関するアドバイスももらっている。以前、写真の表現でスランプに陥っている際には、体幹を鍛え、丹田《たんでん》への意識を向けるように教えられた。ファインダーを覗き、シャッターを押す際に、どこに意識を向けるか、というアドバイスである。特に、シャッターチャンスが突然現れた時、「きた!」といって力まかせにシャッターを押すと、出来上がった写真はたいていブレてしまう。かといって、慎重にソフトに押そうとすると、シャッターチャンスは逃げてしまう。

理論上、シャッターはある一定の圧力で押せば、そのメカニズムによって、シャッター幕が瞬時に開閉し、フィルムが感光するのだが、問題は、力《りき》み過ぎず、シャッター幕を開閉させる最小限の力（シャッターの重さプラス0・001グラムの力）で押すということだ。そのためには、指先に意識を集中してはならず、手首関節から指先にかけては適度に脱力していなければならない。では、どこに意識を集中するのか？　それは丹田であるという。まるで武道の極意《ごくい》を伝える話のようだが、先生は、このように事細《こま》かにカメラについて教えてくれる訳ではなく、いつもヒントをくれるだけだった。この場合も、

「ここ（丹田）に意識がくれば、撮れる写真も違ってきますよ」

とさらりと言うだけだった。私はすぐに実践し、それ以来、写真の中に、被写体のもつ重力を少しづつ表現できるようになった、と感じている。

六十分の施術を終えると、東京の暑さで重くなっていた身体も、いくぶん軽くなった。身体が軽くなると再び、天岩戸へと向かう意志が蘇ってきて、A氏のいうように、今年中に注連縄がかけられるかもしれない、そう思えるようになった。身体と心は個別に存在するのではなく、両者は、強い同盟関係にある。

来る時には刑務所の塀のように高く長く感じられた白いフェンスも、身体が軽ければ、地中海を囲むギリシアの白い壁のように思われた。この時の壁の白さは、今でも忘れられないほど、鮮烈に印象に残っている。それは何故か。

その電話はA氏の同志からだった。A氏は今朝、自宅で出勤しようとしたところ、玄関近くで倒れ、そのまま救急車で運ばれたが、搬送先の病院で死亡が確認されたという。死因は脳溢血ということだった。

電話をききながら、私は眼の前にたつ白いフェンスをぼんやり眺めていた。周囲に人影はなく、車の音も聞こえない。夏の終わりをつげるセミの声も聞こえない。ただしそれは、A氏の死からくるショックのためではなかったかもしれない。現実に東京の都心から人影が消えていたのだった。A氏も、そのようにして突如としてこの世界から消えてしまったのだった。

電話の続きで、葬儀はコロナ禍のため、家族葬で行うこと、日程はすでに決まっていることなどが伝えられた。ご家族の気もちもそうだが、吉野での茶会以来、長年一緒にやってきたA氏の同志の方々の気もちを思うと、いたたまれないものがあった。

「この後、一体、どうしたらよいのでしょうか」

電話口から聞こえる声は、そのまま、私の心の声でもあった。

第八章　日向国　高千穂《たかちほ》

村上龍だったろうか、

「幸福は目に見える形で、ゆっくりと育っていくが、不幸はいつも突然やってくる」

という言葉がある。それはなぜだろう。

私たち人間は、自分の見たいものだけを見て、興味のないもの、見たくないものについては、見ぬふりをする。僅かな幸福や希望の芽は、誰もが見逃さないのに、迫りくる不幸については、最後まで背を向けている。A氏の不幸について、予兆はあったのだろうか、私は背を向け続けていたのだろうか。天岩戸に注連縄をかける、という夢のような話には、すぐに飛びついていたくせに、肝心要《かんじんかなめ》の人物の様態には気付けなかった。

私はその場で、竹内さんに連絡をした。いつものとおり、繋がらない。メッセージだけを残し、続いて高千穂の佐藤宮司へと電話をかけた。「はい、こんにちは！」と穏やかな口ぶりの佐藤宮司の声を聞くと、自分の動悸《どうき》が少しだけ収まった。しかし、今しがた聞いた事実を伝えると、

「え！」

と絶句され、今度は私の動悸がそのまま佐藤宮司へとうつってしまったようだ。しばらく、二人とも無言だった。人間の記憶とは面白いもので、無言の間に、眺めていた白いフェンスと向かいにあったガソリンスタンドの白い壁の並びを今でも覚えている。肝心なことを忘れてしまうのに、些末《さまつ》的な事柄が人間の記憶を作っている。

無言のうちに、巡っていた私たちの思いは同じだったかもしれない。それはA氏の不幸の原因が、私たちの天岩戸での行いによってもたらされたのかもしれない、という恐ろしい想像だった。それは口にすることが憚《はばか》られるような想像だった。

私は、その無言に耐えられず、式の日取りやご家族の意思により家族葬で行うことなど、事務的な情報だけを佐藤宮司に伝えた。その恐ろしい想像から意識をそらそうとした。そして、このあとのことは竹内さんと相談して連絡します、とのみ伝えた。実際、私一人で何かを決めるには、不明なことが多すぎた。A氏が取り組もうとしていた事業の巨大な圧力がA氏という器を失って、私一人に降り注いでくる感じだった。

帰宅後、メッセージを見た竹内さんから、電話があった。花を贈り、電報を打つ旨、そして、いくつか連絡をすべき相手の確認などをした。呆然としている私に反して、竹内さんの行動は、すべて具体的だった。そして最後に、こう付け加えた。

「なるべく早く高千穂に行くべきだね。宮司に直接伝えなきゃ」

この一言だけで、竹内さんが、たった一度会ったA氏のこと、そして、このプロジェクトに大きな想いを寄せてくれていることが分かり、私は救われる想いだった。

コロナ禍の制限により、A氏の葬儀は家族葬で行われた。A氏に限らず、この時期の葬儀では、家族でさえ立ち会えない事例もあっという。

「人間は喜悦と悲嘆に同じ象徴を用いた。」（三島由紀夫『美しい星』）

人間は、嬉しい時にも、悲しい時にも、花を贈る。

長らく仕事で世話になった私だが、A氏に贈った花は、悲嘆の象徴だけになってしまった。

その後、日程調整に時間がかかったが、A氏が亡くなってから一月《ひとつき》後の十月の初めに、高千穂へと再び赴いた。

いつものように熊本空港からレンタカーを借りて、高千穂まで向かう。山をやっている者なら、誰にとってもそうだろうが、竹内さんと二人でいる時間というのは、とても貴重なものだ。なので、前回の車中では竹内さんを質問責めにしていた。しかし、今回は会話がない。今後、このプロジェクトはどうなるのだろう。

十月に入っても高千穂の緑は濃く、まだまだ暑かった。参拝者は少なく、境内も静かだ。雨に降られた前回と異なり、日差しが溢れるように降り注いでいる。佐藤宮司が出迎えてくれ、これまでの経緯を報告した。境内にたち、この人の顔を見ると、やはり安心する。長い目で見れば、神代の時代から、数えきれないほどの人々の暮らしを見つめてきた神の社。そこには一人の人間の生き死を超えた悠久の時間軸が流れている。今回の目的は、宮司への報告の他、神前に帰幽《きゆう》の報告を行うこと、そして、故人の安寧を祈ることだった。

ガランと広い祈祷殿《きとうでん》に、宮司、竹内さん、そして私という順で入った。空席の胡床《こしょう》（折り畳みの椅子）が並んでいる。前回はA氏をはじめ、関係者一同の他、安全管理チームと大勢で受けた祈祷だったが、今回は竹内さんと私の二人だけである。

「なんか、寂しくなりましたね」

「つい、一月前ですものね」

と宮司が返してくれた。

宮司が奏上《そうじょう》された祭詞《さいし》（葬儀に関連するものは、祝詞とは呼ばず祭詞というらしい）の内容は、幽世《ゆうせい》へと向かう故人の霊魂が迷わず辿りつけるように、天岩戸の神から、幽世の神（大国主神だろうか？）へと、伝言をお願いするように、伝えるものだという。神職の役割は、修行し個人としても解脱《げだつ》を目指す仏教の僧侶とは異なり、あくまでも神と人との「なかとりもち」であることがよく分かる内容だ。

その後、祈祷殿から遥拝殿へと案内された。先日、木々を剪定したおかげで、御神体の岩盤が露出している。まだ濃い緑のままの樹林の中に、ぽっかりと凹《おう》状の暗闇《くらやみ》が出現している。

「だいぶ目立つように、なっちゃいましたね」

御神体を見て、竹内さんが言った。

それはとても自然の造形とは思えなかった。変な言い方だが、御神体は、ある種の艶《なまめ》かしさすら湛《たた》えていた。何か大きなものを生み出すような、しかし、まだそれが確定されていないような。

「参拝の方には説明しやすくなりましたけど……」

と宮司は言葉を止めたが、続く言葉が想像できる。このまま放っておくのは、どうにも中途半端なのは、誰の目にも明らかなのである。私たちは、そのまま御神体を言葉なく眺めた。今後、どのようにすれば良いのだろう。何が正解なのだろうか。発起人が亡くなったことは、何を意味するのだろう。私はわからなかった。その間も竹内さんは一人で、懐から小さな単眼鏡を取り出し、御神体の上部をしきりに眺めていた。

その後、私たちは参集殿に行き、お茶を頂きながら話をはじめた。現実に戻ると、問題の大きさに改めて愕然《がくぜん》とする思いだった。

まず第一に、A氏の不幸の原因は、私たちが御神体に入り、木々を剪定したからではないか、つまり、神罰なのではないか？　という疑念だった。だとすると、再び御神体に入り注連縄をかけることは、神意に叶わない。むしろ、注連縄をかけるどころか、木を植え、元の状態に戻すべきではないか？　とさえ私は思ってしまう。A氏の不幸は、あまりに恐ろしいタイミングで、関係ないと考えるほうが不自然ではないか。

この疑いは、特に私が強くもっていた。しかし、竹内さんはこういった超自然的な考えをそ

剪定後、姿を現した御神体

れほど、重視していなかった。かといって、はなから無視するわけではなく、

――私はそうは思わないが、皆さんが気にされるなら、やめたほうがよい。

というスタンスだった。宮司は、この点については、まだわからない、どちらとも言えないという考えだった。

第二に、資金面の問題。東京からの四人分の渡航費、滞在費、装備やガイドへの支払いなどは、すべてA氏の会社が支出することになっていた。しかし、A氏亡き後、後継者もおらず、すでに会社は廃業となることが決まっていた。実際に注連縄をかけるまで、最低あと二回ほど、まとまった作業が必要だった。次回は、上部から御神体に近づき、注連縄をかける木や岩などを探し、出来れば仮のロープを張る。そして二回目は、そこから注連縄の長さを推定し、実際に注連縄をかける作業だった。それらの作業を行うため、再び安全管理チームを関東から招集する必要があった。しかし、さすがに私も、これらの危険な作業を、無償で行ってくれ、とはいえない。もちろん、それは宮司も分かっていた。そもそも、これだけのまとまった資金をなぜ、A氏は自ら提供しようとしていたのか。前にも書いたが、経営者が事業を円滑に進めるために、

自身の会社に神棚を設置し、神を祀るケースは多いが、A氏は逆に、神を祀るために、仕方なしに経営をしていたように思える。生前から謎だらけのA氏であったが、亡くなってから謎は深まるばかりだった。

第三に、コロナの感染状況の変化があった。八月に全国の感染者数がピークに達し、その後、下がりつつあったが、底をうった後、冬にむけ感染者数が増加するとさかんに報道されていた。夏の間も、各地の祭は中止になり、青森のねぶた祭、京都祇園祭の山鉾巡行《やまほこじゅんこう》など有名な祭の中止が盛んに報道された。世論はもちろん、中止を歓迎していた。つい先日も、飛行機の乗客がマスク着用を拒否したため、強制的に降ろされるニュースが報道されていた。後にこの男は威力業務妨害の罪で逮捕された。このことの是非はともかく、当時の社会の心理状況は、何か新しい行事を行える雰囲気では全くなかった。しかし、注連縄をかけるには、紅葉がおわり、葉が落ち、冬の乾燥期に入らなければ、藪が濃すぎて、どうにもならないように思われた。冬になって感染者が拡大しない保証はどこにもなかった。

これらの条件を常識的に判断すれば、計画の中止、ないし延期が妥当だろう。計画を続けるための、良い判断材料が一つもない。

「どうしたものですかね……」

宮司も困り果てていた。

「まあ、難しいですよね……」

と正直に私も応えた。


ただ、私も難しいとは分かっていながら、自分から中止にしましょう、と発言する勇気はなかった。こういう状況は登山においても経験がある。チームで登山を行うとき、悪天候やその他のネガティブな理由によって登頂が難しい時、進むか、撤退するか、チームの仲間の意見を聞くのだ。しかし、誰の目にも危険な状態が明らかな場合、登頂がほぼ不可能な場合においても、撤退の決断を言い出すには、勇気が必要になる。特に、チーム全体のモチベーションが高い時、発言には責任がともなうし、自分から負けを認めるのはツライことだ。それが単独行であれば、話はもっとシンプルだ。全ての責任は自分にある。しかし、チームの場合は異なる。言い出しっぺには、大きな責任がともなう。

今回のプロジェクトが登山であったなら、どうだろう。この場合、リーダーは最も経験のある竹内さんである。私の、弱気な発言から真意を汲み取って、リーダーである竹内さんが中止、または延期の決断をしてくれないだろうか。さらに、私は弱気と言ったが、この状況を冷静に分析すれば、誰が考えても延期は妥当と言うだろう。無茶をすれば、神社にも迷惑がかかる。一旦状況を見定めて、改めて出直しても遅くはない。

いかに日本を代表する登山家でも、このような状況なら仕方ない。決断をお願いします、という感じで私は竹内さんに目を向けた。宮司も竹内さんの決断を待っていた、ように思える。しかし、竹内さんの口から出た言葉は、予想を裏切るものだった。

「宮司、私たちがなんとかしましょう。経費はこれだけかかりますが、こちらは、なんとか出してください。年内には必ず、御神体に注連縄をかけてみせます。必ずです」

竹内さんは、まるで今までの話がなかったかのような提案をしてきた。

竹内さんが私たちのような常識人と異なるのはこの点である。なぜ、日本人の中で彼一人だけ、８０００メートル十四座を完登できたのか？　なぜ、最強の登山家が死ぬような場面でも生き残れたのか？　ガッシャーブルムⅡ峰の登山で雪崩にあい、腰椎《ようつい》破裂骨折などの重傷をおって死線をさまよったにも関わらず、なぜ、再び十四座完登へとチャレンジを続けられたのか？

――悲観主義は気分に属し、楽観主義は意志に属する。（アラン『幸福論』）

フランスの哲学者アランの言葉だ。楽観主義でなければ、この状況を打開し、先に進むことは出来ない。なぜなら、人間は誰でも死に向かい老いていく存在であり、ほうっておけば、悲観的になるからだ。そして、悲観主義者はいつもこう言っている。「どーせ、出来っこない」「やっても意味がない」「そんなこと、やらないほうがマシだ」などなど。

あらかじめ出来ない予想を立てて、出来ない未来の到来を歓迎する。そして、挑戦者が失敗する場面を見ると「それ、みたことか」「出来るはずなんかないんだ」と、いよいよその信念を固くする。竹内さんが雪崩にあって瀕死の重症をおったとき、そのように思った人々もいたことだろう。

そんな悲観主義を、竹内さんは、いつも跳ね返してきた。そして、アランの言葉通り、竹内さんの楽観主義は、強靭《きょうじん》な意志によるのだろう。
竹内さんの提案を聞き、宮司は驚き、「え！」と声をあげた。しかし、さらに驚いたことに、宮司はこう言うのだった。

「よろしくお願いします！」

宮司もまた、楽観主義の人間だった。そして、それは個人の意志を超えて、天岩戸神社第二十四代宮司という、神話の故郷に連綿《れんめん》と続く家系の、明るい意志の現れだった。神社の神主は明るくなければばならない。人間の初心を表す「赤ちゃん」という言葉も、赤き心、すなわち明《あか》き心から来ているように。

悲観主義、ともすればマイナーな心持ちに囚《とら》われやすい私からすると、この二人の意志による楽観主義は、とても勉強になった。何かを生み出し、物事を前進させるには、この明るい意志が必要なのだと。

その後、私たちは具体的に、御神体に注連縄をかける道筋について議論した。コロナの状況を考慮し、東京から往復するのはあと一回に制限しよう、という話になった。日にちは、いつが良いか？　洞窟にどのように注連縄をかけるのか？　決めなければならない事柄は山のようにあった。今から新しい注連縄を発注するとおよそ一か月はかかる。長さもおおよその推定でしかわからないが、30メートル前後と推定された（後に、注連縄を製造する会社から強度の関係で20メートルが限界、という返答がきた）。足りない部分はクライミングロープを連結させる。しかし、肝心のどのように注連縄をかけるかについては、さすがの竹内さんも頭を悩ませていた。

「ドローンに細引き（クライミング用の細いロープ）を連結して、飛ばしますかね？」

などと、竹内さんの発想は突拍子《とっぴょうし》もない。

洞窟は断崖の中腹にあり、地上からの高さは80メートル。そのような位置に注連縄をかける技術は存在しない。これについては竹内さんが担当し、考えうる様々な方法を検討することにした。

次に日程である。注連縄の完成を待つため、早くても十一月中旬以降でなければならない。そして、冬が進めば感染者の増加が予想されるので、遅くも出来ない。また、新年はどこの神社でも初詣《はつもうで》で忙しい。そうなると、やはり年内に行わなければならない。また、注連縄をかける当日は、単に作業としてかけるのみならず、儀式的に行うことが提案された。つまり、新しい祭を一から作るのだ。しかし、佐藤宮司は天岩戸神社のみならず、付近の数々の村社の宮司も兼務しており、年間にわたって大小様々な祭礼に携わられている。

「なかなか、丸々暇な時期ってないんですよね」

コロナで人は集めなくても、神事だけは途切れないよう執り行っているのだ。それらの祭礼と被らないようにすると、必然的に時期は限られていた。それはクリスマスの前、冬至《とうじ》の付近の数日間だった。

冬至とは北半球において、太陽光線が最も弱まり、日が一番短くなる日である。そして、翌日からは春にむけて太陽光線が回復していき、日が長くなっていく。すなわち、太陽の死とその復活の日である。天岩戸洞窟に注連縄を張るにあたって、これより相応しい日はないのではないか？　この日を選んだというより、宮司の身がまとまって空いているのは、一年のうち冬至周辺しかなかったともいえる。まるでこの新しい祭が行われるために、とって置かれたかのように。

私たちは来るべき冬至の神事にむけて役割を決め、それぞれの仕事をそれぞれの場所で行うことを決めて、神社をあとにした。

熊本空港への道すがら、竹内さんは言った。

「広田さん、これ二か月あるけど、多分、あっという間だよ」

私もそのように感じていた。運命の巨大な歯車が、回転する音が聞こえる。往路ではA氏の過酷な運命に押し潰《つぶ》される思いだったが、復路には、A氏から夢を引き継ぐ形になっていた。何かが走りだしている予感がする。

第九章　信濃国　戸隠山《とがくしやま》

「ほら、あれ、ブロッケン現象だね」

竹内さんが言った。両側がすっぱりと、200メートル近く切れ落ちた戸隠山の難所・蟻《あり》の塔渡《とわたり》。晴れてはいたが、寒風《かんぷう》が身にしみる。十二月の初めで、まだ身体が冬に慣れていないのだ。顕著《けんちょ》な岩塔《がんとう》の上に立つ竹内さんを、ドローンで撮影している最中だった。眼下の西側の谷に、霧を通して円環《えんかん》状の虹が現れ、中心に人影らしきものが映し出されている。私たちはしばらくの間、その幻影の人を見つめていた。時刻は午後二時を回っており、太陽は西に大きく傾いていた。

ブロッケン現象は、科学的には、微細な水粒子《すいりゅうし》に写る自らの影であり、光の反射であるのだが、旅の内容が内容なだけに、無意味に現れたものとは到底、思えない。水のプリズムを通して写し出される竹内さんの影。古の人が阿弥陀如来の来迎《らいごう》であるとした神秘の光と、影の顕現。私は狭い岩塔の上にドローンを着陸させ、写真に収めようと、手持ちのカメラに切り替えた。しかし、ファインダーを覗いたとき、すでにして幻影の人は霧の向こうに去っていたのだった。山にはすでに初雪が降り、岩場はところどころ凍結している。十二月の初旬、高千穂行きを翌週に控えた私たちは、長野県戸隠山の標高1800メートル地点にいた。なぜか、天岩戸に再び入る前に、ここに来る必要があると思ったのだった。

前回、高千穂から戻って以来、底をうった感じのあったコロナ感染者が、再び増え始めていた。竹内さんと会う機会はなかったが、竹内さんの新著『下山の哲学』の出版があり、あちこちで名前を聞いた。竹内さんは、オシャレというか、ユニークな感覚の人で、多くの人々が無意識に行っていることを、自分も右に倣《なら》えで追従するのを好まない。その性格が著書にも現れていて、そもそも『下山の哲学』というタイトルがウィットに富んでいる。十四座完登をした最後の山、ダウラギリにはNHKの取材班が同行したが、番組制作の条件として、番組を登頂で終わらせないこと、万が一、下山中に死亡しても番組を放送すること、を条件につけたという。多くの山番組は登頂して終了だが、実際の登山では下山し、ベースキャンプに戻るまでが登山である。今回の著書の内容も、華々しい登頂シーンではなく、泥臭く、危険で地味な下山にフォーカスした初の登山本といえるかもしれない。後に、天岩戸に注連縄をかけるにあたっても、竹内さんは、この天邪鬼《あまのじゃく》ともいえる性格をいかんなく発揮し、奇想天外《きそうてんがい》な方法で道を切り拓いていった。

私のほうも、やるべきことを進めつつ、大阪在住の書道家・永山玳潤《ながやまたいじゅん》先生に連絡をとった。冬至の神事の際に、奉納揮毫《きごう》をお願いするためだった。永山先生をご紹介くださったのは、大阪府河内長野《かわちながの》市にある真言宗のお寺・観心寺《かんしんじ》のご住職・永島全教老師《ながしまぜんきょうろうし》である。老師が永山先生をご紹介くださり、その後、神戸の湊川《みなとがわ》神社で、一緒に書と写真の展示をさせて頂いた。観心寺と湊川神社、どちらも南北朝時代の英雄、楠木正成公ゆかりの聖蹟《せいせき》であり、同じく正成公を尊敬する身として、私たち二人の縁を繋いでくださったのだった。揮毫の内容は、まだ決まっていなかったが、神事の最後は、永山先生の揮毫によって締めくくられたら、素晴らしい。

その他、十一月はライフワークである偉人の銅像写真の撮影をして過ごしていた。コロナによって街から人影が消え、街中の銅像の背景に人々や車などの生活が写らないこの期間は、絶好のシャッターチャンスだった。

銅像写真は、まだ確立されていない写真のジャンルなので、私自身、手探りで行っている。日本における銅像の歴史は、飛鳥《あすか》・白鳳《はくほう》時代の仏像、金銅仏《こんどうぶつ》に始まるが、仏像以外の銅像制作は、明治期の西洋美術思想の輸入まで待たなければならない。銅像というのは、故人の生前の偉業を称《たた》え、在《あ》りし日の姿を偲ぶ、それ一個がすでに芸術作品として存在している。しかし、当たり前だが銅像は本人ではなく、いってしまえば虚像である。その虚の存在をさらに、レンズを通して写し出すと、それは「虚×虚」という式がなりたつ。「マイナス×マイナス＝プラス」、つまりレンズを通せば、実像を捉えることが出来る、というのが私の銅像写真における理論だった。また、被写体の銅像は誰でも良い訳ではなく、内村鑑三が『代表的日本人』を著したように、古い日本の魂を体現している人物でなければならない。その人物の銅像を写真に写すことによって、偉人の燃える魂をビジュアルとして甦らせることが目的だからだ。

そのきっかけとなったのが、皇居外苑の楠木正成像で、かれこれもう十年近くは撮影を続けている。楠木正成に代表される中世の武士の物語『太平記』は、私にとって神話そのものである。古事記に描かれる天岩戸神話が、いったいどれくらいの時間のスケールで描かれているものなのか想像がつかないが、私にとっては日本神話という点で、両者は同じだった。

銅像写真の撮影自体は、とても地味なもので、無言の作業である。被写体はもちろん一言もしゃべらないのだが、対する私は一方的に無言の問いを発している。楠木正成であれば、その最期《さいご》である湊川合戦《みなとがわのかっせん》について、聞きたいことが山のようにある。負けると分かっている戦いに、なぜ出陣したのか？　出陣前夜に、盟友《めいゆう》であり源氏の嫡流《ちゃくりゅう》である新田義貞と杯《はい》を酌み交わしたというが、どのような話をしたのか？　そして、今のこの日本をどのような目で眺めているのか？　議題はその都度異なったが、私が一方的に問いを発し、当たり前だが、相手は終始、無言のままである。そのまま、私は撮影をすすめ、最後に皇居と銅像に向かって一礼して去る、というのがいつもの流れだった。

◇

この日も夜間を選んで撮影し、帰宅した。銅像の撮影は、過酷な山での撮影とは異なり、体力的には辛くはないのだが、いつも凄い疲労というか、なぜかしら大きな重力を感じてしまう。データをバックアップし、そのまま布団に潜《もぐ》り込んだ。夢も見ずにぐっすりと眠った。

この日がいつもと異なったのは、翌朝、目覚めた瞬間に、なぜかしらわからないが、ふと、

――戸隠に行かねばならない

と思ったことだった。戸隠山は信州の北部、新潟県との県境にそびえる標高2000メートル級の山で、麓の戸隠神社《とがくしじんじゃ》は、中世以来の修験道の霊場として知られている。戸隠の名前は、天岩戸神話に由来する。天照大神がお隠れになった岩戸の戸を、天手力男命《あまのたぢからおのみこと》が放り投げたところ、戸隠のあたりに落ちた、という通説が知られている。この話は『古事記』『日本書紀』には記載されておらず、初出は『平家物語』とされている。

「その時、手力雄命と言ふ大力の神有りしが、えい声をあげて、岩戸をひき開き、扉をひきちぎつて、虚空へ遠く投げられける程に、信濃国に落ち着きぬ。戸隠の明神是なり」（『平家物語（百二十句本）』「第百九句　鏡の沙汰」）

現実には、高千穂と戸隠では、直線距離にして1000キロメートル以上も離れている。すべての神話は、起こった事象を直接表現ではなく、メタファー（比喩表現）として著しているから、物質としての岩戸が、千キロの距離を飛んでいった訳ではないのだろう。しかし、高千穂と戸隠の間には、現代人には計り知れぬ繋がりがあるはずである。それをこの目で確かめたい。

また、A氏からの私への依頼は、竹内さんの記録であり、映画の制作である。一本のドキュメンタリーとして仕上げるにも、竹内さんが実際に山に登っている姿を、紹介映像として捉える必要があった。撮影には、カメラマンとして古くからの友人であり、登山ガイドでもある手嶋常久（テッシー）を迎えた。テッシーはこの後、十二月の神事にも、仕事の都合によって参加できなくなった林智加子の代わりに安全管理チームとして加わってくれた。

東京から戸隠までは車で向かった。

「登山靴、慌てて昨日、探したよ」
「突然のお願いで、ほんと、すいません」

戸隠山の登山口である戸隠神社奥社《おくしゃ》の駐車場で、竹内さんが言った。竹内さんの登山装備のほとんどはネパールに置いてある。日本での登山は久しぶりだという。紅葉の時期には駐車場には停めきれないほど車が溢れるが、この時期の戸隠は、人影がまばらである。冬の弱い日差しが、葉を落とした後のブナの林を通して、まばらに差し込んでいる。日帰りの予定で戸隠に来たため、日が暮れる前に下山しなければならない。下山後は、戸隠神社に参拝し、天岩戸神社の佐藤宮司から紹介して頂いた神職の方に挨拶をする予定だ。

戸隠神社は大きく分けて、下から宝光社《ほうこうしゃ》、火之御子社《ひのみこしゃ》、中社《ちゅうしゃ》、そして登山口に近い九頭龍社《くずりゅうしゃ》と奥社《おくしゃ》から構成されている。明治以前は戸隠山顕光寺《とがくしさんけんこうじ》と呼ばれる神仏混淆《しんぶつこんこう》の修験道の霊場であり、中世以来、麓の善光寺《ぜんこうじ》とともに、多くの参詣者を迎えていたという。戸隠山の登山口は、さらにその奥。奥社へと向かう長大な杉並木の果てにある。

「確か学生の時、以来だね」

竹内さんが言った。未だに、なぜ戸隠に行くことになったのか、半信半疑の様子だったが、なかば無理矢理、車に乗ってもらったのだった。

竹内さんを先頭に、杉並木を進んでいくが、たいてい修験の山は、登山者にとって、通い慣れた学校のように感じる。変な話だが、修験道の山は厳しいというより、どこか懐かしさを

戸隠神社奥社へ向かう杉並木

戸隠山

おぼえる。なぜだろうか？　中世に栄えた修験の山（吉野山、石鎚《いしづち》山、英彦山、出羽三山《でわさんざん》など）は、おしなべて標高が2000メートル以下であり、3000メートル級の高山は少ない。御《おん》嶽山《たけさん》、立山《たてやま》、富士山などの3000メートル峰が頻繁に登られるようになるのは、近世に入ってからである。例外的に標高2999メートルの剣岳《つるぎだけ》の山頂で、奈良～平安期にかけての修験者の錫杖《しゃくじょう》が発見されたが、ゴアテックスのジャケットも、アイゼンもない時代では、年の大半に残雪が残るアルプスでの修行は厳しすぎるのだろう。

奥社の手前から傾斜は少しづつきつくなり、戸隠山から派生する尾根の基部に奥社は鎮座している。が、実際は沢状地形がすぐそばを横切っており、最近では昭和五十三年冬に、本殿や休憩所が雪崩によって破壊され流出している。記録を見ると、それ以前もおよそ二十年のサイクルで雪崩の被害にあっているが、それも当然かもしれない。周辺は樹木に覆われて分かりづらいが、明らかな雪崩地形（雪崩リスクのある地形）に本殿は鎮座している。それもそのはず、本殿の隣には九頭龍社《くずりゅうしゃ》が祀られている。九頭龍は「くずれる」の音に繋がり、河川の氾濫や崩壊地形を意味する、という説がある。

お詣りをすませると、竹内さんは登山口に向かった。歩きはじめると、どんどん登っていってしまう。要所要所でカメラをかまえるが、かなり速いペースなので、息がはずみ、三脚をたてなければ、映像がブレてしまう。途中、大きな岩壁基部をトラバース（斜面を横方向に移動）したが、その付近で竹内さんが立ち止まった。岩壁の上部から鎖がダラリと垂直に垂れており、7〜8メートルほど上の位置に、洞窟らしきものがあった。

「これ面白いね」
「戸隠の窟《くつ》ってやつですかね」

　竹内さんが、何も言わずにするすると登りはじめた。戸隠には三十三窟といって、修験者が修行のためにこもった岩窟が文字通り三十三存在するという。あとで分かったことだが、この場所は特に西窟《さいくつ》と呼ばれる岩窟で、有名な修験者・秋葉山三尺坊大権現《あきばさんさんじゃくぼうだいごんげん》が修行した場所と伝えられている。秋葉山三尺坊は、東京の秋葉原《あきはばら》の地名の由来となった実在の修験者で、戸隠神社宝光社の隣の岸本家（現在は宿坊・岸本）に生まれた。戸隠で修行ののち、越後の蔵王堂三尺坊で阿闍梨となったことから三尺坊と呼ばれたそうだ。その後、天を飛翔する大天狗となり、静岡の秋葉山に鎮まり火防《ひよけ》の神として後世祀られることとなった。その姿は白狐にのり、火炎を背負った烏天狗《からすてんぐ》として描かれる。戸隠の隣の飯縄山《いいづなやま》に祀られる飯縄大権現《いづなだいごんげん》（こちらは東京の高尾山《たかおさん》にも祀られている）とそっくりの姿だ。宿坊岸本家に伝わる話では、三尺坊は修行する際に、いつでも飯縄大権現の神像をもち歩いていたため、没後もその姿で祀られることになったという。

竹内さんは窟の中をのぞき、やがて、するすると降りてきた。仮に前世というものがあり、竹内さんが修験者だったならば、三尺坊クラスの大天狗に違いない。登るに連れて、雪が見られた。数日前の降雪だろうか？　雪は10センチメートル程度積もっているが、まだアイゼンが必要なほどではなかった。しばらくして、樹林帯をぬけると、これぞ戸隠、といった岩場が出てくる。戸隠山の岩は大きく分けて二つあるという。一つは飯縄山からの火山活動による溶岩。そして、もう一つは海底の地層を含む堆積岩である。これらの岩石と天岩戸の岩質を比較検討すれば、戸隠と天岩戸の共通項が分かってくるだろうか？

蟻の塔渡りの手前で顕著な岩塔があり、そこに立つ竹内さんの姿をドローンで撮影している時だった。冬の弱々しい太陽が西に傾いて、東側の青空を、より一層はかなく澄んだものにしている。岩塔の上に立つ竹内さんの背後に、冒頭のブロッケン現象が出現した。

A氏に連れられて、いつか見た高千穂の夜神楽。第二十八番「手力《たちから》」にこんな一節がある。

あらましますや
（天照）大神殿
何とて出でさせ給わんや
出でさせ給わん事なれば
天が下は真の闇となる
戸隠の明神殿
御成

左手に大幣《おおぬさ》をもち、天照大神が籠《こも》る岩戸を探り出すべく、狭い舞台上を駆け巡る戸隠明神。歴史的に「明神」というと複数の神々の総体を指す場合が多いが、ここでは特に手力男命を示している。そしてこの口上《こうじょう》が述べられるとき、戸隠明神は歌舞伎役者がそうするように手を大きく前に差し出し見得《みえ》をきり、舞台の緊張が一気に高まる。

その戸隠明神の神楽面はなぜだか、長髪になっており、岩塔に立つ竹内さんのモジャモジャ

天岩戸神楽における戸隠明神（手力男命）

頭にそっくりだ。ブロッケン現象、つまり竹内さんの影が、戸隠明神として現れたとしても、それほど不思議はない。天岩戸に向かう前。そう、その前に、私たちは戸隠の明神殿（手力男神）の力を借りに来たのだ。

◇

ブロッケン現象が去ったあと、戸隠の難所である蟻の塔渡りを越える竹内さんを撮影した。山頂は目前である。蟻の塔渡りは、両側は200メートル以上にわたってスッパリと切れ落ちたか細い岩稜《がんりょう》である。国内の一般登山ルートでは最難の一つであり、過去に何度も転落事故が起こっている。申し訳ないと思いつつも、竹内さんに撮影のため、その細い岩稜を何往復もしてもらうことになった。

「だんだん、渡るのが上手になってきたよ」

龍の背びれのように細く、険しい岩稜。かれこれ五往復ほどしてもらっただろうか？　さすがにもういいでしょ？　という感じで竹内さんが言った。私は写真を撮り、動画はテッシーに任せた。

「テッシー、どう？　撮れた？」

「もう一往復お願いしたいです」

　良いカメラマンの条件は、遠慮を知らないこと、ふてぶてしいことだが、テッシーはその条件を軽々と満たしている。私は写真家上がりのせっかちなカメラマンなので、動画を撮るとき、撮り終わるとＲＥＣ（録画）ボタンをすぐに切ってしまう癖があるのだが、テッシーは粘り強く、ちょっとやそっとでは動じないおおらかさがある。動画カメラマンに向いているのだろう。

　渋る竹内さんに再度お願いし、もう一往復してもらった。最後の一回は、ほぼ、散歩といっていい気軽さで、竹内さんは歩いていた。

「そろそろ時間のほうは、大丈夫かな？」

　確かに竹内さんの言う通り、これから下山し、中社に伺い神職の方に挨拶をしなければならない。天岩戸に注連縄をかけることを、戸隠神社にも報告するためである。

私たちは山頂へはいかず、そのまま下山を始めた。登山にきたのなら、山頂が目的だが、今回の目的はそうではなかった。奥社に向かう参道に降り立った頃、あたりはすでに薄暗く、最後の鳥居で一礼をした時、参道の奥はもう闇に包まれていた。

「よくよく、お越しくださいましたねえ」

暖かな明かりの灯る社務所に入ったとき、私たちは身体が冷え切っていることに気づいた。

「ささ、どうぞ、こちらへ」といって社務所の奥の応接室に通してくださったのは、戸隠神社の楠川禰宜《くすかわねぎ》である。

「暗くなってもお戻りにならないから、少しだけ心配しましたが、なにせ竹内さんはプロの登山家ですから、心配するのも逆に失礼なんじゃあないかと思いまして」

と言って、楠川さんはハハハ、と大きく笑った。神社の応接室は、何度入っても慣れない場所なのだが、楠川さんは人を無用に緊張させないお人柄のもち主で、初対面の私たちを温かく迎え入れてくれた。

「佐藤宮司から伺いましたよ。なんだか、すごいことをお考えのようで」

戸隠と高千穂は、神話を通して繋がりがある。以前は、秋の例大祭の時などに、手力男命が岩戸を放り投げた故事にちなみ、両神社で岩戸投げならぬ、畳投げ大会が催されていたという。二つの神社で同時に畳を投げ、電話で記録を交換し、共に競い合ったという話だ。ただ、それも天岩戸神社の先代宮司までの話で、佐藤宮司の代になってからは途切れていたという。そういった経緯もあり、佐藤宮司はかねがね戸隠との縁を復活させたい、と思っておられたらしい。そこへ、私たちが戸隠参詣に行くとなったものだから、佐藤宮司にご縁を繋いでもらったのだ。

「今は合併で長野市になってしまいましたが、それでも戸隠には、高千穂から山村留学に子供が来ているのですよ」

と聞いて私は驚いた。天岩戸神話をなぞり、二十一世紀に高千穂から子供が飛行機にのってやって来る。いや、なぞっているのではなく、見方によっては、神話は今、描かれている、今、行われている、とも言えないだろうか？

しばらく、楠川さんと竹内さんは共通の知人について、話に花をさかせていた。その間に私とテッシーは、楠川さんへのインタビュー撮影の準備を行った。戸隠と天岩戸の繋がりについて、カメラの前で語って頂くのだ。

「戸隠神社の御祭神は、奥社の手力男命、中社の思兼命《おもいかねのみこと》、そして火之御子社の天之鈿女命《あめのうずめのみこと》と、いずれも岩戸開きにご功績のあった神様ばかりです。そういう点で、天岩戸神社様と繋がりがあると、考えております」

カメラを前に、楠川さんが教えてくれたのだった。

しかし、戸隠に飛来したのは、岩戸そのものであるのに、なぜ、岩戸そのものを神格化した神ではなく、岩戸開きの神々が祀られているのだろう。それについては、戸隠という地名について考える必要がある。戸隠とは、文字通り「戸が隠れる」、あるいは「隠れた戸」、と書く。また、「戸」という漢字の意味は、扉という意味の他に、出入り口そのものという意味がある。この当時はわからなかったが、二〇二三年に公開された新海誠監督のアニメ映画『すずめの戸締《とじ》まり』を見て、戸隠という地名の由来のヒントがあった。『すずめの戸締まり』は天岩戸神話に着想を得たと思われる作品で、日本各地に点在する災いを呼ぶ扉を、主人公の少女「鈴芽《すずめ》」が誤って開けてしまい、それを閉じ、災いを封じるために「閉じ師」と呼ばれる青年とともに旅をする物語である。その災いを呼ぶ扉は「後戸」〈うしろど〉と呼ばれている。開いた後戸からは龍のような姿の巨大な「みみず」が這い出し、そのみみずが地に倒れると、巨大な地震が発生する。この後戸は、戸隠の暗喩《あんゆ》なのだろうか？　また、実際に戸隠には岩戸開きの神々の他に、九頭龍という龍神が古くから祀られている。ここ戸隠において、岩戸開きの神々の役割は、天岩戸での役割と反対に、後戸を閉めることが期待されているのではないか。

しかし、この時点ではまだ『すずめの戸締まり』は公開されておらず、戸隠の意味について私は深く考えることもなかった。ただ、天岩戸に向かう前に、戸隠山を拝みたい、と思ったのだった。そして、その想いを楠川さんは充分に汲んでくださった。

「大変なお役目ですが、どうか、お気をつけて、いってくださいまし。ご成功を、こちらからお祈りしています」

と社務所の玄関で見送ってくださった。私たちは、真っ暗になった境内をあとにし、駐車場へと戻っていった。

第十章　日向国　天岩戸

戸隠から戻ると、注連縄の準備が出来たと、佐藤宮司から連絡があった。茨城県に、麻の取り扱い量が日本一で、全国一万社の神社に注連縄を納めている会社があり、そこに発注したそうだ。本来であれば麻などの自然素材が望ましいが、強度の関係で化学繊維となり、長さは20メートル、直径は太い部分で10センチメートル程度の注連縄になった。ただし、天岩戸神社のほうで、受け取った後に、内部に麻縄《あさなわ》を織り込むとのことだった。古来から麻には邪《じゃ》を祓う霊力が宿るとされている。長さが足りない部分に関しては、竹内さんがヒマラヤで使用していたクライミングロープを連結させることになった。日本神話の発祥の地に、ヒマラヤの風が入りこむことになるが、なんだかそれは嬉しいことのように思えた。

しかし、懸念していたように冬に向かってコロナ感染者が全国的に増え始めている。佐藤宮司も一度は決めた注連縄神事を催行して良いものか、再び悩み始めていた。それも仕方のないことなのだろう。この頃、宮崎県の新規感染者は一日に十人前後であった。私などの気楽な立場と違って、千年以上も同じ地で、神職をしている家系の人だ。地元とのつきあいもある。

世間的にも、それは当たり前の感覚、ともいえる。この頃、人々は変な意味で、自粛に慣れ始めていた。当初は「涙を飲んで」中止された仕事やイベントも、この頃は中止決定が実にスムーズに行われるようになってきた感がある。人々の心から躊躇がなくなり、無意識に中止や延期が決断されるようになってきた。いや、人々は決断を下す意識もないのだろう。始めから中止されていた、という表現が相応しいほど、すっきりした顔をしてものごとの中止を知らせていた。六月に放映されたＮＨＫ・ＢＳの番組で、イタリアの哲学者、ジョルジョ・アガンベンがこのようなゼロ・リスクを推し進めるコロナ禍の世界を、

「生存以外のいかなる価値をも認めない社会」

と表現していた。生存だけが正しく、そのためには、愛も自由も制限されなければならない。

芥川龍之介の小説『河童《かっぱ》』にも、このような社会の到来が予言されている。『河童』は北アルプスの穂高岳に向かうある登山者が、上高地の梓川を渡ったところで、河童に出会い、河童を追ううちに、パラレルワールドに紛れ込んでしまう物語である。その世界の住人（つまり河童）は何かを信じる力を失い、それによって河童の世界に数々の不幸がもたらされている。信じるものがなくなった河童たちは、代わって「近代教」またの名を「生活教」と呼ばれる教えを信仰している。つまり、日々の生活そのものが神となり、それ以外の価値を認めなくなった社会を描いているのだ。この作品は昭和二年、今からおよそ百年前に書かれたものだが、令和二年になってその社会が到来した。

ちなみに、この百年の間に、芥川龍之介と同じ名前をもって生まれた作家の村上龍（本名・村上龍之助）も、現代人がパラレルワールドに紛れ込む作品『五分後の世界』を描いた。『五分後の世界』は第二次世界大戦において、原爆を落とされた後にも、大日本帝国が降伏せず、その後も地下に潜り戦い続けている並行世界をリアルに描いている。河童ではなく、地底人となった日本人は、勇気や民族のプライドといった人類共通の価値観を信じることによって、エレクトロニクスの分野では世界の最先端を走り、人口が二十六万人に減っても降伏を拒否し、今現在もグローバリズムと戦い続けている。『五分後の世界』は平成六年（一九九四）、今から三十年前に書かれた。バブル経済が崩壊し、その後、停滞する日本社会が決定づけられた年だ。おそらく村上龍は、芥川が描いた『河童』の世界が、五分後（つまり、すぐ先に）に到来してしまうと思い、その未来を覆《くつがえ》したいと思って、「河童の世界」とは逆の『五分後の世界』を描いたのだろう。しかし、現実の私たちはすぐ先にあった「五分後の世界」ではなく、奇妙極まりない「河童の世界」のほうを選んでしまった。

それで本当に良いのだろうか？　世界は確定されてしまったのだろうか？

——お外が怖くて、山にも行けないなんて、情けない時代に生きているな。

山で死んでいった仲間たちの笑い声が聞こえる。

彼らは選択し、決断し、行動したあげく、死んだ。結果が、たまたま、悪い方向へと向かってしまい、もはやこの世にいない。彼らは、近しい人々を悲しませた。それは間違いない。しかし、何も選択しない、何も決断しない、何も行動しないのであれば、死ぬことはないが、また生きることもないのだろう。今はその状態から一歩進んで、社会が行動することを許さなくなっている。はじめから行動が許されない社会は、ある意味、冒険で死ぬことよりも悲惨かもしれない。

人類がもし、現代人のように、生存のみを至上の価値としてきたのであれば、新大陸の発見もなかっただろうし、南極も北極も、エベレストも未踏のままだったろう。そして、それは単に文化としての登山や冒険が生まれなかったという単純な話ではないのだ。一つの民族や国家に危機が訪れたとき、人類は常に冒険的な飛躍をもって、危機を乗り越えてきた歴史がある。もし、生存だけが至上の価値であるならば、あるいは人類はとっくの昔に絶滅していたに違いない。『河童』の世界で人々が信じる生活教。それは、ゆるやかに人類の絶滅を待つ、黄昏時《たそがれどき》の教えかもしれない。

佐藤宮司も同じく、選択し、決断した。しかし、その結果、悩みは増えるばかりだった。個人の冒険は自分一人が覚悟を決めれば良い話だが、宮司は背負うものが大きい。

この頃、電話で佐藤宮司と話し「こういう声があるのも事実です」と言って教えてくれたことがある。

――このタイミングで新しい祭を始めるなんて。

――何かあったら、どう責任を取るつもりだ。

――まあ、そんなに急がずとも、落ち着くまで待てばいいじゃないか。

などなど。地元ならずとも、やはり、そういう声はあるのだろう。無理もない。その声のほうに正当性があり、合理性がある。

この頃の私たちは、正しい声に押しつぶされそうになっていた。一人、竹内さんを除いては。宮司との電話の後、このまま神事に向かっていくことをどう思うか、竹内さんに聞いたことがある。しかし、竹内さんの考えは変わらなかった。

「広田さんまで、そんなこと言っちゃ困るよ。宮司を支えていかないといけないのに」

状況はこれからも変わり続けるし、人の意見も色々ある。だから、そっちにばっかり気を囚われるのではなくて、注連縄をかけると決めた以上、どう行動したらいいか、そこから考えていくしかない。やり方はいくらだってあるはずだ。そう、竹内さんは言うのだった。

確かに、私が話していたのは、ふわふわとした状況論で、それに一喜一憂するのは、刻々と変わる山の天気ばかりに気を取られているようなものかもしれない。天気の観察は重要だが、それも頂上を目指すという強い意志があってのことだ。それはそうだ。自分が「登れる」と思わずして登頂できる山がどこにあろう。改めてここにも、竹内さんの注連縄張りに向けての強い意志を感じるのだった。

これを聞いて、宮司も改めて思いを強くしてくださり「やりましょう。この機会を逃すと、何世代あとになるか分かりませんから」とおっしゃるのだった。そして、宮司の熱意に打たれた地元の氏子総代さんが、理解を示してくださったのだ。そのことに感謝しつつも、現地に行ってからは、私たちは極力、地元の方に接触する機会を減らすしかない。悲しいがそれしか方法はないのだろう。

◇

十二月十四日

――広田さんは、すべてを記録してください。

今となっては、A氏の遺言ともなった言葉どおり、竹内さんが阿蘇くまもと空港におりたった時から、私はカメラを回しはじめた。私たちは本番の神事の一週間前には現場入りし、翌日から、いよいよ作業をはじめる予定だった。

「九州ってこんなに寒かったっけ?」

とダウンジャケットに身を包んだ竹内さんが言った。

「私も椰子《やし》の木の南国のイメージでした」

「ダウンもってきて良かったよ。とりあえず、熊本ラーメン食べて温《あたた》まろう」

時に寒波が列島を襲っていて、九州を飛び越え沖縄まで寒気が流入していた。滞在中に雪が舞うかもしれない。

ちなみに竹内さんは、どこにいっても、ご当地グルメを知り尽くしていて、ここでのオススメは熊本ラーメンらしかった。以前、取材でタイやネパールに一緒に行った際も、現地人に混じってその土地のグルメを紹介してくれたし、私の知人の中には、竹内さんに「○○に行く予定です」とメッセージを送ったら、何も言わずにその土地のオススメの店一覧が、竹内さんから送られてきたという話を聞いたことがある。

当時の熊本空港は建て替え中で、私たちは、まだ仮設のフードコートで熊本ラーメンを食べた。明日からの仕事は、厳かな神事でも、スタイリッシュなクライミングでもなく、泥にまみれた危険な作業といったほうが相応しいのだろう。プレハブの建物で脂濃く塩辛いラーメンを食べると、一気に現場作業員感が増した。

宮司から聞いた計画では、冬至に近い十二月十八日の早朝から神事を始めるという。日の上がる前に、A氏とは吉野以来の盟友である茶人の花輪竹峯氏が来て、西行庵円位流の献香献茶式を行ってくださる。竹内さんの仕事は、その後に注連縄を張ること。しかし、現実にはまだ注連縄が実際に張れるのか、誰にも確証がなかった。

前回のように、レンタカーを借りて、高千穂に向かう車中でも、竹内さんはほとんど無言だった。きっと、現地についてからの行程をアレコレと考えているのだろう。私は、運転する竹内さんの横顔を写しながら、自分がカメラマンという立場で心底良かったと思った。何しろ、もう祭の日程は決まってしまっている。私が竹内さんの立場だったら、このプレッシャーに耐えられないだろう。そして、やる前から、「やっぱり、出来ませんでした」などという言い訳を用意しながら、作業を進めているかもしれない。

いったい、あの藪の中にどうやって20メートルもの注連縄を張るというのだろうか？　はたまた、紅葉を過ぎれば多少なりとも葉が落ちて、作業はしやすくなっているだろうか。そんな期待をもちつつ、天岩戸神社に到着し、宮司への挨拶もそこそこに、遥拝殿へと向かった。

境内には参拝客はおらず、閑散としていた。

寒さが、夏には感じなかった寂しさを際立たせていた。

遥拝殿に案内され、御神体の洞窟を眺めたが、残念ながら、周囲の様相は夏とほとんど変わっておらず、相変わらず周辺は深い藪に覆われていた。

夏と変わったのは、気温がうんと下がり、虫がいなくなったこと、そして、下を流れる岩戸川の水量が下がり、せせらぎの音が聞こえなくなったことだけだった。その後、今日からの宿泊先となる参集殿の斎館《さいかん》に案内された。襖《ふすま》と障子《しょうじ》で仕切られた五十畳ほどの広い部屋に、私たちが三人だけ。それでも、宮司は私たちが来るために、部屋を暖めておいてくれた。

「竹内さん宛に、すごい荷物が到着しましたけど、何ですこれは?」

宮司が廊下側の襖を開けたところ、そこにはヒマラヤでベースキャンプまでの荷物の輸送で使う青いプラスチック製の大きな樽があった。GORE-TEXという大きなステッカーが張ってある。

「驚きますよね。知らない人が見たら、死体入れてるんじゃないかって、疑われることあるんですよ(笑)」

中にはロープやクライミングギアなどが、ぎっしり詰まっていた。参集殿は竹内さんのベースキャンプとなり、いよいよ天岩戸洞窟へのエクスペディション(遠征)がはじまるのだった。

◇

十二月十五日　曇り　無風

六時起床。朝食は昨晩コンビニで買ったおにぎりで済ませる。うす曇りで、放射冷却はないが、気温は体感で零度。竹内さんの足元は、登山靴ではなく、スパイクのついた地下足袋《じかたび》。岩戸川を挟み、反対側の斜面から岩戸の上部へと足を踏み入れる。途中、狐《きつね》を祀った小祠《しょうし》があり、竹内さんが足をとめ、拝む。「狐だけは大切にしろって、おじいちゃんが言ってたからね」。

まずは右岸側から足を踏み入れる。上部は藪の急斜面だが、歩いて降りられた。意外にも踏み跡あり。林業に使うものだろう。最後は痩《や》せ尾根になるが、支点となりそうな太い杉の木がいくつかある。竹内さんが身を乗り出して、岩戸を覗くが、藪が濃すぎて見ることが出来ない。

「右岸はこの木でいいね」

そこには、そのまま御神木《ごしんぼく》となりそうな、大人二人が手を繋いで、ようやく手をまわすことの出来る立派な杉の木があった。右岸はこの木からロープを延長して、注連縄を支えることが出来そうだ。幸先《さいさき》の良いスタート。次は、小祠まで登り返して、左岸の偵察にいく。

途中、何度も何度も同じ場所を登り返して、地形の確認をする。この間も竹内さんの登行ペースは本当に早い。人伝《ひとづ》てに聞いた話だが、竹内さんはヒマラヤの高所でもこのスピードが変わらないらしい。ここは里山なので、なんとか私も息を切らさず撮影が出来るが、ヒマラヤで竹内さんを撮影しているカメラマンに、私は心底同情した。

小祠から再び下降を開始したが、左岸は傾斜がきつく、徒歩で降りるにはすぐに限界がきた。竹内さんは細い木でもするすると登り、木から木へと飛び移っていく。自分は木の強度が心配で全然ついていくことが出来ない。

「そんなに心配するな。常緑樹は意外と強いから」

竹内さんは、及び腰の私に向かって何度も声をかけた。

「ここからさっきいた右岸の杉が見えるね」

竹内さんが乗っている木は、私の目からすると、崖に向かってかなりせり出した位置に見え、大きくしなっているように見えた。しかし、その木からは藪の濃い小さな尾根が邪魔をしており、注連縄を渡すことが出来ない。竹内さんはさらに奥へと木を伝って渡っていった。私からはすでに姿が見えない。

しばらくして、「ここまで来れる？」という声が聞こえた。私は恐る恐る木を伝っていくと、竹内さんは再び、木にぶらさがっていた。

「ここから右岸にロープを渡そうか」

しかし、どうやって？　私の疑問をよそに、竹内さんは小祠へと登り返し、車へと戻った。車のトランクから取り出したのは、小型の弓だった。

「通販で買ったんだよ。規制があるから、このサイズしか買えなかったけど、一応、山奥で練習してきたよ」

と、おもむろに弓矢の練習を始めた。

釣り糸は矢に連結してあった。

「矢に釣り糸を結んで、対岸にわたす。その後、釣り糸に2ミリの細引きを結んで、渡す。そしたらもう、クライミングロープも引っ張れるでしょ」

腰には、小さく畳んだ渓流釣り用の小型の竿とリールがぶら下がっている。リールから出る釣り糸は矢に連結してあった。

「日本の祭だから、和弓《わきゅう》の出来る知人にお願いしようと思ったけど、やめといて正解だった。藪が濃すぎて、和弓は振り回せないね」

そう言って再び、右岸が見える位置まで下降し、竹内さんは再び、木にぶらさがった。こちらは後ろからカメラを構える。足場が悪そうだが、竹内さんはなんとか体勢を整え、狙いを定めている。右岸の杉まで距離にして50メートル以上。的は杉の左側の数メートル四方の空間。これが失敗したら、どうなるのだろう？　ナイロンの釣り糸を御神体に捨てる訳にはいかないから、岩戸まで下降し、矢を回収しなければならない。おそらく、その作業だけで、今日は終わるだろう。矢はあと、何本あるのだろうか？　失敗すると、当日までに間に合わない可能性がある。私の頭には心配と邪念しか浮かんでこない。

しばらくの沈黙の後、弦が空を切る音が聞こえた。

「行った！」

岩戸の上空に声が響く。矢は彼岸へと飛んでいった。まるで、くもの糸のように細く白い糸が、岩戸のあちらとこちらを結んでいる。

「おめでとうございます！」

私は思わず叫んでしまった。この自信に満ちた態度が、竹内さんがヒーローである証かもしれない。危険な状況でも、失敗するかもしれない、などとは考えず、自己を100パーセント信頼し、絶対的な積極性をもって、次の一手、次の一歩を進めていく。

その後、竹内さんの指示で、私は右岸に向かい、矢を探す。矢は右岸の杉の脇をかすめ、尾

弓を持つ竹内さん。バックパックに矢が見える

根を超えたところに落ちていた。３ミリの細引きを連結し、竹内さんに合図を送る。すると、細引きは釣り糸に引っ張られて、竹内さんの元へと宙を伝っていった。この作業を繰り返し、午後には、注連縄を渡すことの出来る10ミリのロープを渡すことが出来た。その後、竹内さんは左岸側の探検を行い、岩戸を望むことが出来る沢状の地形を発見した。その地形は枯れた沢で、斜度が上部は50度。徐々に斜度を増し、最後は滝になり、上からはその先が見えなくなっている。竹内さんは、60メートルロープをめいっぱい使って懸垂下降《けんすいかこう》し、ついに岩戸を望む絶好のポイントを発見した。そこには空中に張り出すようにして、御神木のように一本の常緑樹が生えていた。まるで、注連縄が結ばれるのを待っているかのようだった。

作業が終わり、遥拝殿へと戻ると、天野君とテッシーがちょうど到着していた。この日、私は竹内さんが苦労しているところを、ほぼ撮影し続け、作業には全くの役立たずだったので、竹内さんは二人の到着を心から喜んでいた。「孤軍奮闘《こぐんふんとう》」とはまさしく、このことだったかもしれない。コロナによって死に瀕している日本の祭の伝統を、竹内さんは一人で支えているように思えた。この日も敷布団の上に寝袋をしいて就寝。それでも、広い参集殿に仲間が二人増えただけで、なぜか、ほっとした。

◇

十二月十六日　小雪　午後から風強くなる

暖房をかけて眠ると乾燥して喉をやられるので、オフにして寝たが、夜中から気温が下がっているのが分かった。冬の日本家屋というものは、風雪がしのげるだけで、基本的に気温は屋外とさほど変わらない。冬用の寝袋をもってきて正解だった。予報では今日から数日、寒波が続くとのこと。外に出ると、雪がけっこうな勢いで降っていた。朝から天野君を連れて遥拝殿から現状を確認しにいく。今日の作業は、昨日渡したロープを、左岸の御神木に連結させることと。そのためには藪をかなり伐採しなければならない。朝食を簡単に済ませた後、現場にいく。

昨日渡した10ミリロープに、新たな黄色のパイロットロープを連結。天野君が左岸側の御神木に下降し、左岸に結びつける。その間も周囲の藪を伐採。その後、遥拝殿から眺めている宮司に無線で連絡。ロープの位置（最終的に注連縄がかかる位置）が適切かどうか、確認してもらう。岩戸を眺めながら育った宮司には、きっと夢に描いていた、理想の注連縄の垂れ具合があるのだろう。出来るかぎり、その理想のラインに合わせて、ロープの長さを微調整する。その後、天野君、竹内さんが遥拝殿に戻り、パイロットロープの垂れ具合を確認。

「いい曲線ですね」

「いいね。宮司の理想のラインだからね」

「右岸の御神木のスリング、赤色だと目立ちますね。黒とか、茶とかに変えますか?」

「そうだね。でも、近くに山道具屋あったっけ?」

「熊本まで行かないとないでしょうね」


　遥拝殿から眺めると、右岸の御神木に巻いたクライミング用のスリング（平たい輪っか状のテープ）が派手な赤色で目立っていた。二人は熟練の庭師のように、最高の空間を作りあげようとしている。その後、岩戸に戻り藪の剪定を続ける。途中、竹内さんの知人で、神社愛好家で神社学を主宰している中村真さんが到着した。今後、中村さんのネットワークでこのお祭を広めてくださるという。僅か数人の山男で始めたプロジェクトだが、少しづつ仲間が広がっていくのが嬉しい。

　午後から風雪とともに強くなる。山スキーに行くなら嬉しい寒波だが、現場作業をするには呪わしく、ノコギリを握る手が次第にかじかんできた。再び遥拝殿に戻ると、岩戸は吹雪に霞んでいた。雪のベールの向こうに、黄金色のパイロットロープが見え隠れして、限りなく美しい。周囲の剪定を行うごとに、岩戸の見え方が刻一刻と変化していく。今見ているこの景色は、二度と見ることの出来ない景色なのだろう。

パイロットロープを張る天野和明

◇

十二月十七日　曇り後《のち》晴れ　午後から風おさまる

藪の剪定は継続的に行い、明日の本番に向けて最終調整に入っていく。左岸の御神木には安全確保のために、バックアップ用ロープを多数連結していたが、本番は必要最低限にシンプルにシステムを構築するという。最終的に注連縄は、右岸側から竹内さんが担いで降ろし、パイロットロープに注連縄を連結。私は写真を撮りつつ、竹内さんの補助として右岸につくことに。左岸の天野君はパイロットロープを引いて、注連縄をたぐり寄せる。テッシーは遥拝殿から記録するという手順に決まった。昨日、宮司にパイロットロープの垂れ具合を確認してもらったが、作業途中でラインがズレてしまったので、最終調整を行う。

「宮司、これでどうでしょう」

「うーん、ちょっと、左側を下げてもらえますか?」

「了解。これでどうです?」

「うーん、今度は右上げてもらえますか?」

「了解」

「うーん……」

注連縄の理想の「垂れ具合」を求めて、無線でのやりとりが延々と続いた。あたりは暗くなり始めていたが、竹内さんも妥協しない。

「これでいいですね！　固定しますよ！」

最後にうながすと、宮司は、

「はい、これで大丈夫です！」

とようやくＯＫが出た。

その後、天野君は日が暮れる直前まで藪の剪定を続けた。少しでもロープに触れる枝があれば、注連縄が途中でスタック（妨げられて動かせなくなる）してしまうからだ。彼は作業中、ほとんど口をきかない。黙々と作業を続けるその姿に、何か日本の伝統的な職人の姿が重なってしまう。この日も暗くなってから参集殿に戻ってきた。

「近くのお墓に甲斐さんって名前が並んでいたの見た？」と天野君がたずねた。宮司にその話をすると、このように教えてくれた。その昔、高千穂には、灌漑《かんがい》技術に優れた甲斐と名乗る一族が住んでいたという。甲斐一族は木花咲耶姫を氏神として祀っており、その後、神武東征に従軍し、現在の山梨県の湿地帯（今の甲府盆地）を、その灌漑技術を使って開拓した。甲斐一族はその氏神を、付近に一際高くそびえる霊峰に祀り、やがてその土地は、甲斐国と呼ばれるようになった、という話だ。現在でも、高千穂には甲斐さんが多く住んでいる。甲州市に住み、風林火山を愛する天野君には他人事とは思えない話だった。

参集殿には、明日の神事で早朝（日の出前）から献香献茶式を行う花輪竹峯先生が到着していた。A氏が亡くなったあと、竹内さんと京都の西行庵を訪ね、それ以来の再会だった。A氏の会社の同志の方々も到着した。A氏亡き後、想いを継ぐ人々の顔を見ると、何か胸に迫るものがある。彼らは参拝を済ませた後、別に宿をとっているので、明日の早朝の段取りを話し、神社を後にしていった。

連日、外で日暮れまで作業し、参集殿に戻ってからも注連縄の加工作業を行うと、夜の早い高千穂では食事や温泉に費やす時間がほとんどない。それでも、ご飯を食べる時間を削ってでも、温泉には入りにいった。やはり私たち日本人は、冷え切った身体を温め、リセットしないと次の日にフルパフォーマンスで動けない。私が子供の頃に聞かされた話だが、先の大戦の際に、親戚の叔父さんが南方の島に派遣された。現地では食料がなく、いつも腹を空《す》かしていたが、ドラム缶にお湯を沸かして風呂だけは入っていた、という話を思い出した。そうすると不

注連縄の調整を行う

ベースキャンプとなった参集殿（⇒ p.220）

思議と次の日も戦えたんだよ、と言っていたのだ。この日も慌ただしく風呂に入り、夕食を町で唯一のファミレスのジョイフルでとって、参集殿に戻る。遅くまで開いているジョイフルは、私たちの唯一のスポンサーのようなものだった。その後も、注連縄に紙垂《しで》を取り付ける作業を行った。

明日の本番の神事では、書道家の永山玳潤先生が揮毫を行ってくださる予定だが、二十一時を過ぎても、まだ到着しない。永山先生は、数日前まで茨城県の鹿島におり、鹿島神宮の御神水をもって明日の揮毫をしてくださる予定だった。東の端の鹿島と、西の端の高千穂は、皇居、富士山、伊勢神宮と吉野を通って一直線に結ばれている。宮崎空港で、私の友人の阿部浩子さんが永山先生をピックアップしてここまで来る予定だった。阿部さんはA氏を私に紹介してくれた長年の友人で、今回の神事を手伝うために、大阪から駆けつけてくれる予定だった。おそらく、遅刻の原因は阿部さんかもしれない。神社好きの阿部さんのことだから、宮崎空港から高千穂までの間にある主要な神社を参拝しながら来るのだろう。

二十一時を過ぎてようやく作業が終わり、やっと明日の神事催行の目処がついた。ここまで、メンバーの全員で、すべての準備を、考えうるすべてのシミュレーションを行ってきた。佐藤宮司も全幅の信頼をおいてくださっている。永山先生が到着しないが、明日は早いので片付けようとし始めた時、ようやく阿部さんから電話があった。神社の駐車場に到着したという。

「さすがに遅いでしょう。まあ、無事でよかったけど」

と私は電話を切ってから文句を言いつつ、外に迎えに行った。

その時だった。

「テッシー！　急いでカメラもってきて！」

正門の鳥居の中心に、月と二つの星が輝いている。

その下をくぐり、永山先生と阿部さんが歩いてきた。

「いやー、すいません、すいません」

「永山先生、後ろ！　後ろ！」

え？　と振り返った二人も、この奇跡の天体ショーを見て、わっーと言葉を失っている。

天岩戸神社第一鳥居にかかる星月

鳥居に縁取られ、木星と土星、そして月が並ぶ、グレート・コンジャンクション。

今年の冬至には、八百年ぶりに木星と土星が最接近するというニュースを耳にしていたが、このことだったとは。二人が遅刻しなかったら、私たちはそのまま眠ってしまい、この光景を目撃することはなかった。竹内さんも、天野君も騒ぎを聞きつけ、なになに？　といった感じで、外に出てきた。最後は、みんな揃って、呆然とこの奇跡を眺めていた。

「広田さん、明日のお祭、間違いなしだね」

阿部さんが、目に光るものを湛えながら、ぼそっと話した。

私は夢中でシャッターを切り、テッシーはゆっくりと動画を回している。時間は止まってしまったのだろうか。

ファインダーを覗き、鳥居から今にもこぼれ落ちそうな三つの光を眺めていると、一つの和歌が降ってきた。

　憧がるる　この初国の願ひこそ　我が孫どもへ　涙しふらさめ

神武東征に従軍した大伴氏を祖先にもつ、執行草舟氏の長歌「初國」の一節である。新しい神話を作るため、日向国から遠征に出発した益荒男たちと、今まさに生まれようとする新国家の初心を詠んだ長歌だ。天岩戸開きから神武東征まで、どれくらいの時間の隔たりがあるかはわからない。だが、私の眼には、そこに、鳥居の下に、同じく星月を眺める父祖たちの姿が見える。明日は美々津浦から出帆、というその前夜に、益荒男たちもこのような天体の配置を目撃したのではないか。

星がまたたき、月あかりが山男たちを照らしている。

明日、神話が蘇るのだ。

エピローグ

令和二年十二月十八日

夜明け前に花輪竹峯氏による献香献茶式が行われ、法螺貝の勇壮な音色が境内に鳴り響いた。その後、シミュレーション通りに、竹内、天野ペアによって地上から高さ80メートルの位置に、長さ20メートル、総延長40メートルの注連縄を張ることが出来た。気温は零下6度。その後、境内において、かじかむ手で、今にも凍りそうな墨汁に筆を浸し、永山先生が和歌を揮毫した。

久方の　天岩戸そ　かすむなる　神代に帰る　春のしるしに

後醍醐天皇皇子・宗良親王が詠まれた和歌である。まるで、今日の日のために詠まれたような和歌だった。「春のしるし」とは、太陽復活の日、この日から陽が長くなっていく冬至という意味ともとれるし、「神代に帰る」とは、日本が再び、霊性の時代へと戻る、という意味と

永山先生揮毫の宗良親王御歌

とれないだろうか。

本書の副題「太陽のサクレ」とは、日本神道の垂直性、すなわち天照大神を表すアンドレ・マルローの言葉で、彼が伊勢神宮を訪ねた際に受けた啓示による。この後に、「伊勢とアインシュタインは収斂《しゅうれん》する」という、今後の我が国とその文明にとって重大な予言が続くのだ。ご興味のある方は、是非、竹本忠雄著『未知よりの薔薇』をお読み頂きたい。

この注連縄はその後、毎年冬至の日に、張替えが行われることとなり、ここに新しい祭が誕生した。令和三年からは、注連縄を張るだけでなく、天岩戸神話そのものを伝える祭としたい、という宮司の意向から、岩戸開きを模した数々の奉納演奏や演武が行われることとなった。

私の呼びかけに応じて、まず駆けつけてくださったアーティストは、ロックバンドの元ザ・ブルーハーツのドラマー、梶原徹也氏だった。梶原徹也氏を紹介してくださったのは、大阪府河内長野市の観心寺のご住職・永島全教老師である。その後、梶原氏の呼びかけによって篠笛《しのぶえ》奏者として世界的に活躍される阿部一成氏も参加が決定した。梶原氏のドラムのビートは、手力男命の力強い鼓動そのもので、阿部氏の篠笛は神代の息吹を連想させる。現代アーティストのお二人が、日本の古い魂を紡ぎ出す姿に、これからの芸術のあり方を深く考えさせられた。岩戸を開くために踊ったという天之鈿女命については、以前から踊ってもらいたいダンサーがいた。日本を代表するバレエダンサーの一人である酒井はな氏である。酒井氏の夫の島地保武氏は、私の大学時代の山友達で、彼は天之鈿女命の夫となる猿田彦命《さるたひこのみこと》のイメージにそっくりだった。島地氏も第一線で活躍するコンテンポラリーダンサーである。彼はコロナ禍の真っ只中、「芸術は自粛できない」というスローガンを掲げ、無人となった東京の交差点で一人踊り続け、その姿をSNSにアップし続けていた。私はその姿に衝撃を受け、注連縄神事に向かう勇気を得た。島地氏と酒井氏、この二人に踊ってもらえないか？　と恐る恐るお願いすると、島地氏はもちろん、酒井氏、そしてお二人の友人である演出家の大久保裕子氏からもすぐにOKを頂いた。神が降り下ったとしか思えない演舞と演奏のあと、酒井氏が言ったのは、

「私は、天岩戸の前で、天之鈿女命の舞いを舞うために、バレエをやってきたのだと思います」

ということだった。

古事記によると、天之鈿女命は「槽《うけ》伏《ふ》せて踏《ふ》み轟《とどろ》こし、神懸《かむが》かりして」踊ったと伝わっている。槽とは桶《おけ》であり、酒井氏が乗って踊る桶が必要だということで、横浜で数寄屋《すきや》造りなどを

手掛ける大工の坂田玲史氏に桶制作を依頼した。坂田氏には、杉をつかった直径2メートルはある桶を制作、そのまま奉納いただいた。世界で唯一の踊り専用の桶である。

神事を始めるにあたり、場を清めるため、飛鳥熊野むすびの里代表で、武道家の荒谷卓先生も駆けつけてくださった。鹿島神流《かしましんりゅう》に伝わる「祓太刀」と呼ばれる演武によって、空間そのものが清められていった。先生が演武の時に歌う「鳥船」と呼ばれる歌がある。神道の禊行事の際に歌われる歌だが、荒谷先生の「鳥船」を聞くと、いつも目頭が熱くなり、涙が止めどもなく溢れてくる。三島由紀夫の言った「自由でも民主主義でもない、我々の愛する日本」がここにある、と感じるのだ。

また、佐藤宮司の「天岩戸神話を再現したい」というご意向に沿うべく、阿部浩子氏には、神話上の長鳴鶏《ながなきどり》探しにご尽力いただいた。古事記の伝える「常世《とこよ》の長鳴鳥を集めて鳴かしめて」（鳥は古事記原文ママ）という一場面を再現すべく、阿部さんは日本鶏保護連盟にコンタクトをとり、後に会長の片桐英彰氏のご理解と多大なる協力によって、注連縄張神事に長鳴鶏「東天紅《とうてんこう》」をご奉納いただいた。

ちなみに、阿部さんは霊能者の家系に生まれたそうで、神事についても様々な助言を頂いた。神事の後、私は阿部さんに一つ、怒られたことがあった。

「法被を雑《ざつ》に扱っちゃダメですよ。竹内さんを見習って。一番丁寧に畳んでいるから」

見ると竹内氏の法被はピシッと折り目正しく畳まれており、私は法被を登山ギアの上に無造作に掛けたままだった。竹内氏は面白い人で、普段は信仰やスピリチャルなことに関心がなく、とても科学的な印象を受けるのだが、人々が大切にしている宗教行事などは、人一倍の真心をもって接している。つまり他人が敬うものを、自分も敬う、というスタンスだ。私は普段、神様や信仰に関心があると他人にも言っているのだが、竹内氏の姿勢を見ると、それ以前に、普段の行いを多いに反省させられる。注連縄張りの話をもちかけてくださったA氏のお墓参りも、様々な事情によって果たせていないのだが、「その日が訪れたら報告にいこう」と話しているのも竹内氏である。その際には、この本を業務報告代わりにA氏の墓前に捧げたい。

また、翌年はクラウドファンディングも行われ、竹内洋岳氏の所属する株式会社ハニーコミュニケーションズの代表・戸田知礼氏の企画によって、千名を超える有志の方々がご協力くださった。コロナによって日本中の祭が途絶えたことを憂慮しつつも、その年に天岩戸の祭が生まれたことに、多くの方々が希望を見出してくださったのだろう。

その他、ここに書ききれない多くの方々、氏子さんを中心とする地元の方々、がこのお祭を支えてくださっている。

「天岩戸に注連縄をかけて差し上げたい」

日本の神々に対する佐藤永周宮司の、子供の頃から純粋な願いが、多くの方々をつき動かし、神話を継承する原動力となっているのである。そして、よそ者に過ぎない私たちを信頼し、受け入れてくださる佐藤宮司の懐の深さを思うと、それはそのまま、日本神道の包容力、日本の故郷である高千穂の人々の温かさ、に繋がっていると思うのだ。

佐藤宮司の考えられる神話の再現、という点では、奇妙な一致があった。

ドキュメンタリー映画『天岩戸』の撮影時、天野和明氏の自宅にインタビューに伺った。天野氏は現在、山梨県甲州市の築百年以上たつ古民家に住んでいる。その古民家の床の間には前の住人が掛けていたと思われる明治時代の掛け軸が三幅あった。三つのうち中心は武田不動尊と大書されたもので、同甲州市にある乾徳山《けんとくさん》恵林寺の明治時代のご住職によるものだと後に判明した。その左隣には、天照大神、天児屋命《あめのこやねのみこと》、そして天太玉命《あめのふとだまのみこと》と書かれた掛け軸が掲げられていた。天野氏はそれまでその掛け軸を気にしていなかったが、神話上で天岩戸に注連縄をかけたのは天太玉命とされている。およそ百年前に掲げられた掛け軸が、すでに未来に起こる出来事（この家に天野氏が住み、天岩戸に注連縄をかけること）を暗示していた。

注連縄張りは天野氏の他に、令和五年より竹内氏に代わって山岳ランナーの望月将悟氏が担当してくださることとなった。望月氏は消防士として勤める傍ら、日本海から太平洋まで三つのアルプスを一週間で超えていく山岳レース、トランスジャパンアルプス・レースを四連覇した、文字通り現代の天狗である。望月氏曰く、「今まで山で苦しい時に、散々《さんざん》神頼みをして助けてもらってきた。この恩はいつか返したいと思っていた」とのことである。現在は、天野、望月という天と月の名を冠する両氏によって注連縄張りが行われているが、この役目はやがて、彼らの後につづく次世代の登山家、クライマー、山岳ランナー、冒険家ら、いわゆる「山屋」によって引き継がれていくことだろう。

本書では実業家・思想家の執行草舟氏の言葉を多数引用させて頂き、かつ御本人から電撃的な帯文を賜った。改めて御礼を申し上げたい。執行氏はいつも、万巻の書物に書かれる思想を、ズバッと一言で表してくださる。

「天岩戸を開かねばならぬ」との一文を読んで、神話における天岩戸開きの影のプロデューサーは、実は素戔嗚尊なのではないかとも思った。

また、書籍化にあたっては、明成社の坂元陽子氏には企画段階からお世話になり、実績のない私の筆を信じてくださり、気長に待ちつつも励ましてくださった。編集者はスポーツでいえば監督であり、トレーナーかもしれない。いかなるアスリートも単独では戦えない。この場を借りて改めて、御礼を申し上げたい。

本文では、当日の神事における注連縄張りの様子はあえて描かなかった。読者の皆様には、実際に高千穂に足を運び、神話の顕現をご覧いただきたいからだ。

このお祭は今後も、毎年冬至の日に行われる。仮に地震や噴火が起こっても、戦争や革命が起こっても、危険を顧みずにこの祭を続けていこう、と山男たちは話している。冒頭に掲げたフランスの英雄アンドレ・マルローの予言の通り、天岩戸神話が伝え続く限り、この国は復活する、と信じてやまないからだ。

撮影　大畑陽子

著者略歴

広田 勇介　ひろた ゆうすけ

写真家・山岳ガイド

日本大学芸術学部中退。カナダ・ヤムナスカ登山学校卒。

山岳ガイドとして富士山を 500 回以上登り、山岳信仰に興味をもち、各地の霊山を取材。また、日本各地の偉人の銅像写真を撮影し、皇居外苑の楠木正成像に迫った『嗚呼版太平記』を発表。明治神宮、湊川神社、靖國神社、高野山真言宗遺跡本山観心寺などで写真展を開催。

写真　個別に記載するもの以外 © 広田勇介
カバーデザイン　広田哲平

天岩戸《あまのいわと》
——太陽《たいよう》のサクレ

令和六年十二月十二日　初版第一刷発行

著　者　広田勇介
発行者　田尾憲男
発　行　株式会社明成社
〒一五〇―〇〇三一
東京都渋谷区桜丘町二十三番十七号
シティコート桜丘四〇八
電　話　〇三（六四一六）四七七二
ＦＡＸ　〇三（六四一六）四七七八
https://meiseisha.com

印刷所　モリモト印刷株式会社

ISBN978-4-905410-78-2 C0095